KB088289

새로운 도서, 다양한 자료 동양북스 홈페이지에서 만나보세요!

www.dongyangbooks.com
m.dongyangbooks.com

※ 학습자료 및 MP3 제공 여부는 도서마다 상이하므로 확인 후 이용 바랍니다.

홈페이지 도서 자료실에서 학습자료 및 MP3 무료 다운로드

PC

❶ 홈페이지 접속 후 도서 자료실 클릭
❷ 하단 검색 창에 검색어 입력
❸ MP3, 정답과 해설, 부가자료 등 첨부파일 다운로드
* 원하는 자료가 없는 경우 '요청하기' 클릭!

MOBILE

* 반드시 '인터넷, Safari, Chrome' App을 이용하여 홈페이지에 접속해주세요. (네이버, 다음 App 이용 시 첨부파일의 확장자명이 변경되어 저장되는 오류가 발생할 수 있습니다.)

❶ 홈페이지 접속 후 ☰ 터치

❷ 도서 자료실 터치

❸ 하단 검색창에 검색어 입력
❹ MP3, 정답과 해설, 부가자료 등 첨부파일 다운로드
* 압축 해제 방법은 '다운로드 Tip' 참고

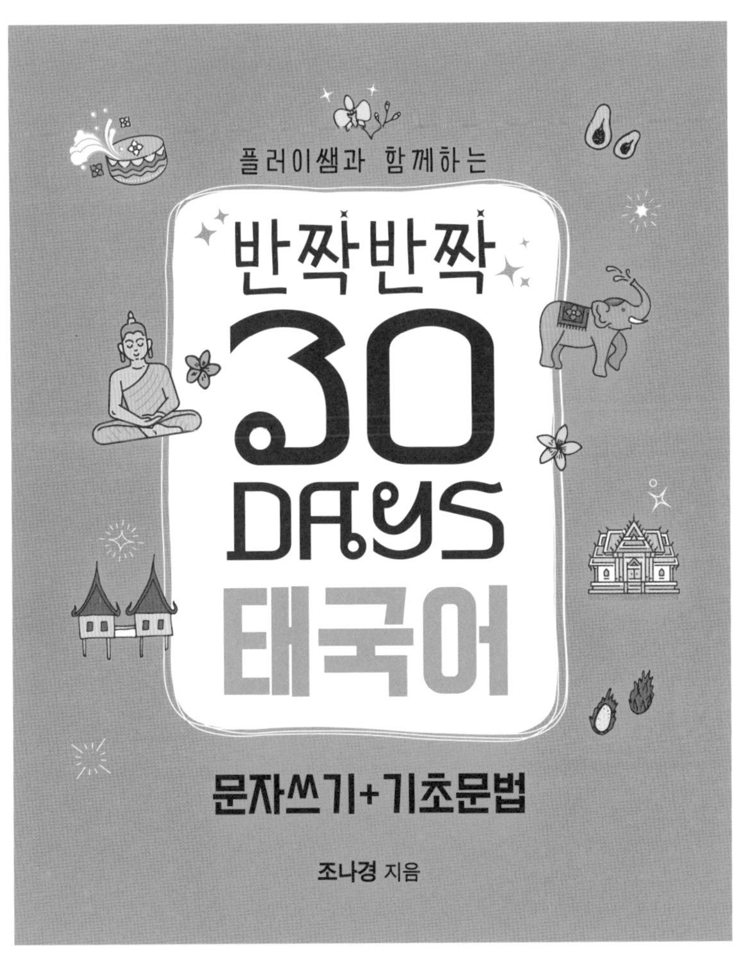

동양북스

초판 1쇄 발행 | 2023년 10월 10일

지은이 | 조나경
발행인 | 김태웅
편 집 | 김현아
마케팅 | 나재승
제 작 | 현대순

발행처 | (주)동양북스
등 록 | 제 2014-000055호
주 소 | 서울시 마포구 동교로22길 14 (04030)
구입 문의 | 전화 (02)337-1737 팩스 (02)334-6624
내용 문의 | 전화 (02)337-1762 이메일 dybooks2@gmail.com

ISBN 979-11-5768-961-3 13730

▶ (주)동양북스에서는 소중한 원고, 새로운 기획을 기다리고 있습니다.
http://www.dongyangbooks.com

สวัสดีค่ะ! 여러분의 플러이쌤 조나경입니다.

"태국어는 왜 이렇게 어렵지?"
"글자도 생소한데 발음은 또 어떻게 하는 거지?"
"코쿤캅? 꼬꾼캅? 싸와디카? 싸와디캅? 도대체 뭐가 맞는 거야?"

태국어를 처음 접하며 많은 어려움을 겪고 계신 여러분! 그동안 많이 힘드셨죠?
저 역시 단순히 태국을 사랑한다는 이유만으로 태국어과에 들어왔지만, 막상 처음 접한 태국어는 너무 어렵고 생소하다고 느껴졌습니다. 글자를 어떻게 읽고 어떻게 발음해야 하는 건지 도무지 감이 잡히질 않았습니다.

그래서 이 책에는 제가 태국어를 배우며 겪은 많은 시행착오와 더불어 오랜 기간 태국어 강의를 진행하며 만났던 많은 학생들이 느꼈던 어려웠던 부분들, 그리고 시중 교재에서는 담아내지 못해 부족하다고 느낀 부분들을 최대한 많이 담아내고자 하였습니다.

이 책은 아래와 같은 특징을 가지고 있습니다.

첫 번째, 회화보다는 태국어 문자와 기초 문법에 집중했습니다.
두 번째, 어려운 용어를 쓰기보다 최대한 쉽게 풀어 설명했습니다.
세 번째, 풍부한 연습문제를 통해 문법 이해는 물론 다양한 단어 습득도 이루어지게 했습니다.
네 번째, 태국어 문자를 마스터하면서 간단한 기초 회화까지 학습할 수 있습니다.
다섯 번째, 완벽한 이해를 위한 동영상 강의와 태국인 네이티브 음성을 함께 준비했습니다.

태국을 사랑하며, 태국어를 배우고 싶어 이 책을 구매하신 여러분!
공부하다 보면 분명 또 시련이 오고 힘드실 겁니다. 저 역시 그랬거든요. 그러나 이 책을 먼저 잘 끝내시고 기초 문법만 마스터하신다면 분명 더 멋지고 재미있는 태국어의 세계가 열릴 거예요. 제가 준비한 동영상 강의를 활용하신다면 좀 더 깊이 있고 생동감 넘치는 공부가 되실 것입니다.

새로운 언어를 배운다는 것은 정말 끝이 없는 여정입니다. 따라서 어떻게 방향을 잡고 시작을 하느냐와 어떻게 꾸준하게 유지해 나가느냐가 정말 중요하죠. 여러분이 이 책을 통해 태국어를 쉽고 재미난 방향으로 접하기 시작했으면 좋겠습니다. 그리고 앞으로의 긴 배움의 여정에서 저의 책과 강의가 여러분이 꾸준히 나아갈 수 있게 만드는 가이드가 되었으면 좋겠습니다.

어려워 보였던 태국어를 읽고, 쓰고, 말할 수 있게 되었을 때 느꼈던 희열감과 성취감!
제가 그랬던 것처럼 여러분들도 꼭 느껴보시길 바랍니다.

สู้ ๆ นะคะ !

차례

이 책의 구성

이 책은 혼자서도 태국어 문자를 익히며서 기본 어휘와 문법을 자연스럽게 배울 수 있게 구성되었습니다. 무료로 제공되는 플러이쌤의 동영상 강의와 원어민의 음성 파일, 쓰기노트 PDF 파일을 활용해 주세요.

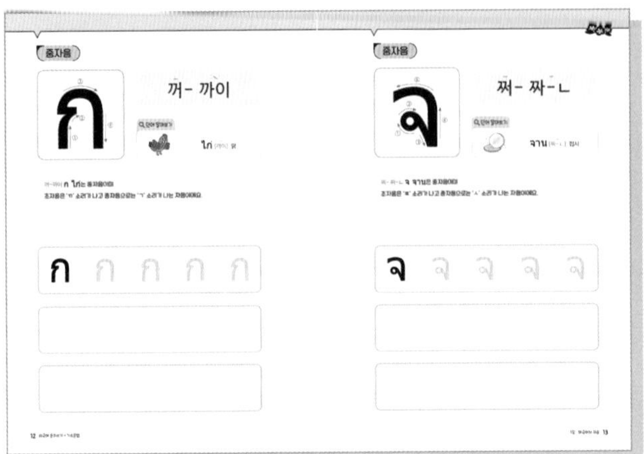

문자 익히기

태국어 문자를 직접 쓰면서 익숙해지고, 소리내어 읽으면서 발음을 배웁니다. 플러이쌤의 강의를 들으면 어려운 부분도 쉽게 설명해 주신답니다.

연습문제

풍부한 연습문제로 태국어 기초 단어를 배울 수 있습니다. 단어를 직접 쓰거나 발음을 써 보면서 태국어를 읽고 쓰는 데 익숙해져요!

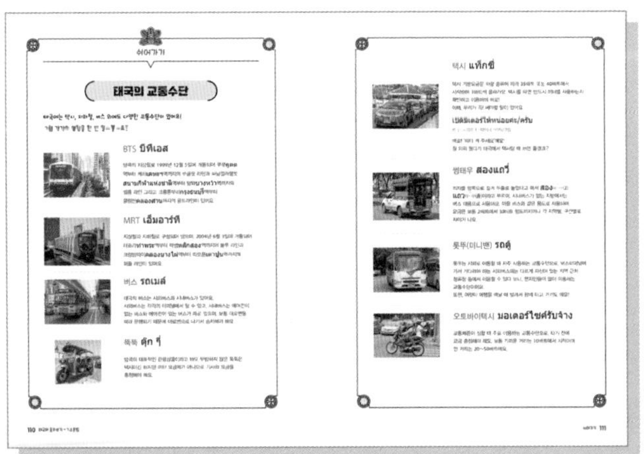

쉬어가기

태국의 인사말, 음식, 교통, 숫자 읽기, 태국어 키보드 입력 등 다양한 태국 문화를 접해볼 수 있습니다.

다양한 부록

동영상 강의

플러이쌤의 저자직강 동영상 강의로 쉽고 재미있게 태국어 기초를 배워보세요!

원어민 음원

태국 원어민의 음성 파일을 통해 정확한 발음을 배워보세요.

쓰기노트

태국어 쓰기 노트를 PDF로 제공합니다. 인쇄하거나 태블릿에 옮겨서 직접 써볼 수 있어요.

동영상 강의와 부가자료 다운로드는
동양북스 홈페이지(www.dongyangbooks.com)

태국어 알아보기

태국어 문자는 1283년 쑤코타이 왕족의 3대왕인 '람캄행대왕'에 의해 창제되었어요. 우리나라의 세종대왕이 한글을 창제한 것과 같이 태국의 람캄행대왕은 백성을 사랑하여 고유의 문자를 창제하고 많은 업적을 남겨 대왕 칭호를 얻었답니다.

꼬불꼬불 어렵게만 보이는 태국어, 알고 보면 어렵지 않아요.
태국어 문자를 본격적으로 배우기 전에, 태국어의 특징부터 알아볼까요?

태국어의 특징

- 태국어에는 다양한 지역별 방언이 존재하며, 우리가 공부할 태국어는 방콕을 중심으로 한 **중부 지역에서 사용하는 표준어**예요!

- 태국어는 **고립어로서 단어의 형태 변화가 없고, 접사도 없습니다. 따라서 단어가 문장 속에 놓이는 어순이나 다른 단어와의 관계, 특정한 조동사**에 의해 문법적 기능을 알아볼 수 있죠.

กินข้าว	낀 카우	밥을 먹는다
จะกินข้าว	짜 낀 카우	밥을 먹을 것이다
กินข้าวไหม	낀 카우 마이	밥을 먹을래?

- 태국어는 성조어로 평성, 1성, 2성, 3성, 4성 총 5개의 성조가 있으며, **음가가 같은 단어여도 음의 높낮이에 따라 의미가 달라져요.**

ข้าว	카-우(2성)	밥, 쌀
ข่าว	카-우(1성)	소식, 뉴스
ขาว	카-우(4성)	희다

따라서 **알맞은 성조를 잘 지켜서 사용해주는 게 중요하겠죠?**

- 태국어의 모음은 길게 발음하는 장모음과 짧게 발음하는 단모음이 존재하며, **장단음 구분에 따라 성조와 뜻 또한 달라질 수 있기 때문에 꼭 잘 지켜서 발음**해줘야 해요.

นา	나-	논
นะ	나	동사 뒤에 붙어 애원, 강제, 동의의 의미를 표하거나 강조하는 첨가어

- 태국어의 어순은 주어-동사-목적어의 **SVO형의 문장 구조**를 갖고 있어요.

ฉันกินข้าว	찬 낀 카-우	나 + 먹다 + 밥 : 나는 밥을 먹는다.

- 특별한 경우를 제외하고는 관형사나 부사 등 **꾸미는 말은 꾸밈을 받는 말의 뒤**에 와요.

ข้าวขาว	카-우 카-우-	밥, 쌀 + 희다 : 흰 쌀(백미)

- 태국어에는 문장 내 띄어쓰기, 문장부호를 사용하지 않아요.

กินข้าว	낀 카-우	밥을 먹는다
จะกินข้าว	짜 낀 카-우	밥을 먹을 것이다
กินข้าวไหม	낀 카-우 마이	밥을 먹을래?

- 태국어에는 높임말과 존대 어휘가 있으므로 상황과 격식에 맞게 구분해서 사용해야 해요.

กิน	낀	먹다
ทาน	타-ㄴ	드시다

- 태국어는 조어법이 발달해 있어, 접사가 거의 없으며 어형의 변화 없이 단어의 반복이나 합성을 통해 다양한 조어를 만들어내요.

ข้าวขาว	카-우 카-우-	밥, 쌀 + 희다 : 흰 쌀(백미)

그럼 우리 이제 본격적으로 함께 신나는 태국어 공부를 시작해볼까요?

1장

태국어의 자음

- 태국어의 자음은 모두 44자이지만, 현재 ฃ(커-쿠-앗)과 ฅ(커-콘)은 사용되지 않으므로 우리는 **42개만 외우기**로 해요.
  태국어의 자음은 중자음(9자), 고자음(10자), 저자음(23자)의 세 그룹으로 나뉩니다. 이는 성조 규칙에 의한 것이며 따라서 성조를 배울 때에도 아주 중요한 분류이므로, **처음부터 각 자음이 각각 어느 그룹에 속하는지를 정확히 암기**해야 해요!

- 마지막으로, 태국어의 자음은 각각의 이름을 가지고 있으며, 자음의 이름은 '**자음의 음가 + 대표 단어**'로 구성되어 있다는 것을 기억해주세요.

- 아래와 예시와 같이 생각해주면 돼요!

	음가 + 모음 อ	대표 단어
ก	[ㄲ] + [어-]	ไก่
꺼- 까이	꺼-	까이 (닭)

중자음

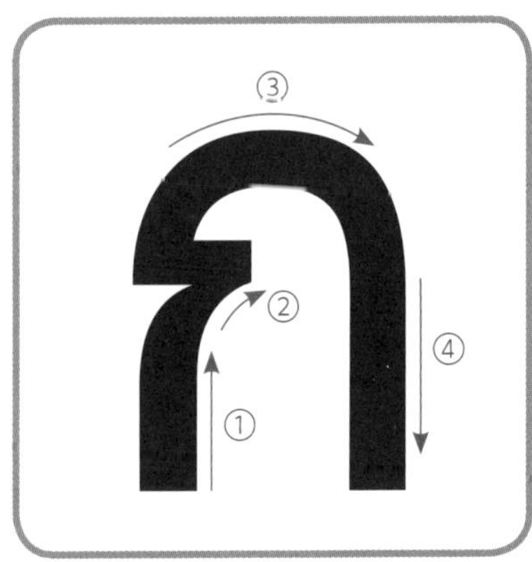

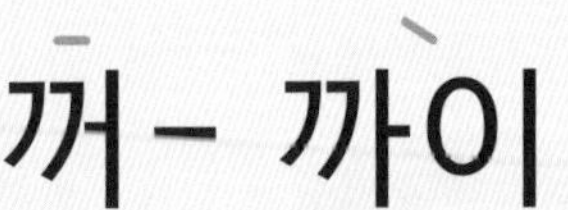

꺼-까이 ก ไก่는 중자음이며
초자음은 'ㄲ' 소리가 나고 종자음으로는 'ㄱ' 소리가 나는 자음이에요.

중자음

단어 알아보기

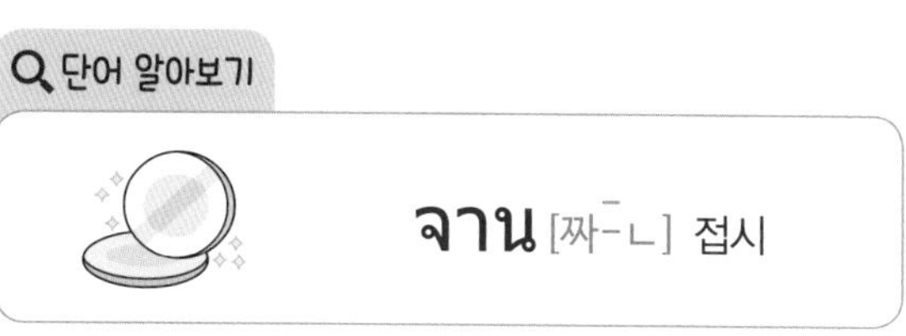

쩌- 짜-ㄴ **จ จาน**은 중자음이며

초자음은 'ㅉ' 소리가 나고 종자음으로는 'ㅅ' 소리가 나는 자음이에요.

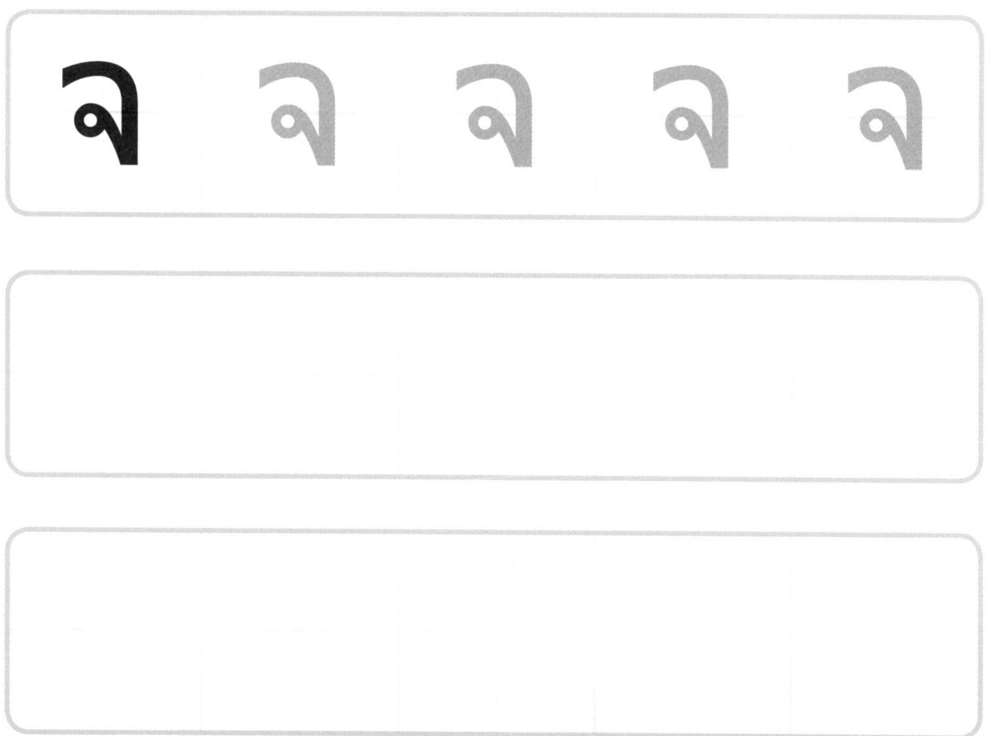

중자음

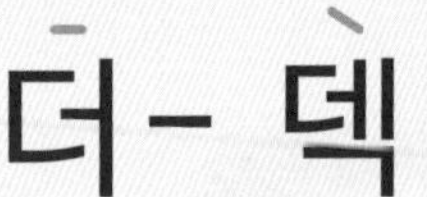

단어 알아보기

더- 덱 ด เด็ก은 중자음이며

초자음은 'ㄷ' 소리가 나고 종자음으로는 'ㅅ' 소리가 나는 자음이에요.

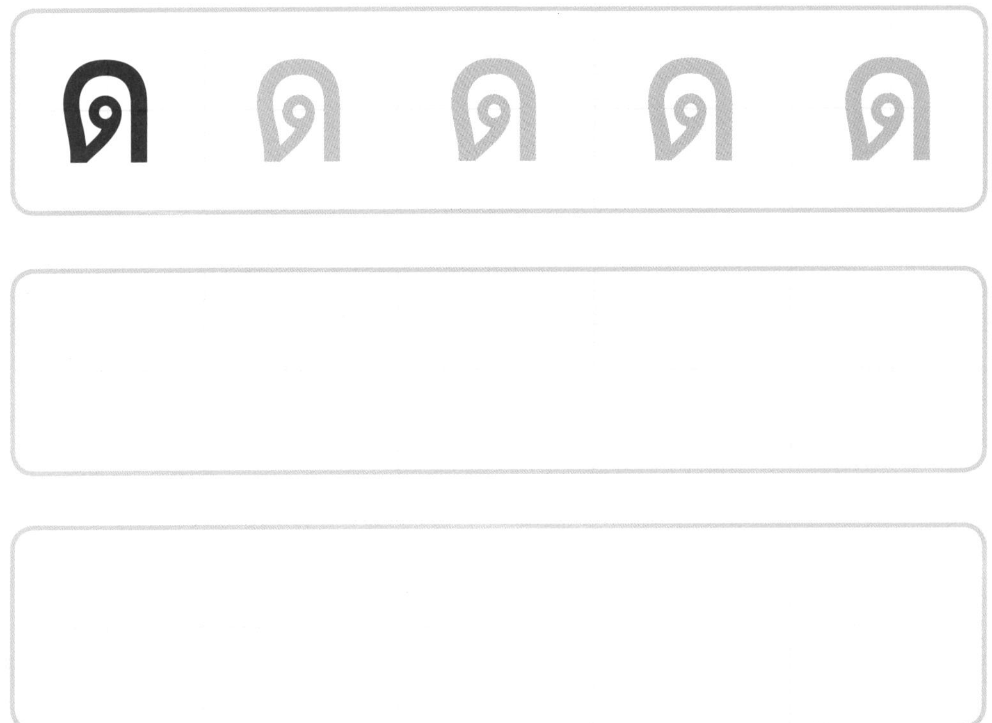

중자음

단어 알아보기

เต่า [따오] 거북이

떠-따오 **ต เต่า**는 중자음이며
초자음은 'ㄸ' 소리가 나고 종자음으로는 'ㅅ' 소리가 나는 자음이에요.

중자음

더-차다-

더-차다- **ฎ ชฎา**는 중자음이며
초자음은 'ㄷ' 소리가 나고 종자음으로는 'ㅅ' 소리가 나는 자음이에요.

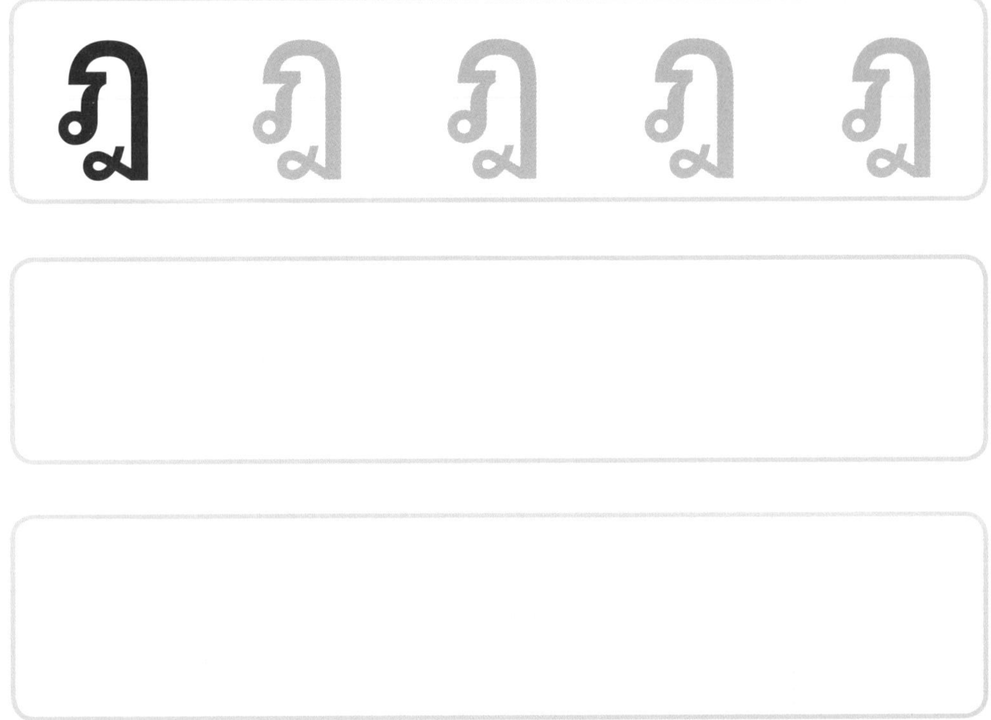

중자음

떠-빠딱

떠-빠딱 ฏ ปฏัก은 중자음이며
초자음은 'ㄸ' 소리가 나고 종자음으로는 'ㅅ' 소리가 나는 자음이에요.

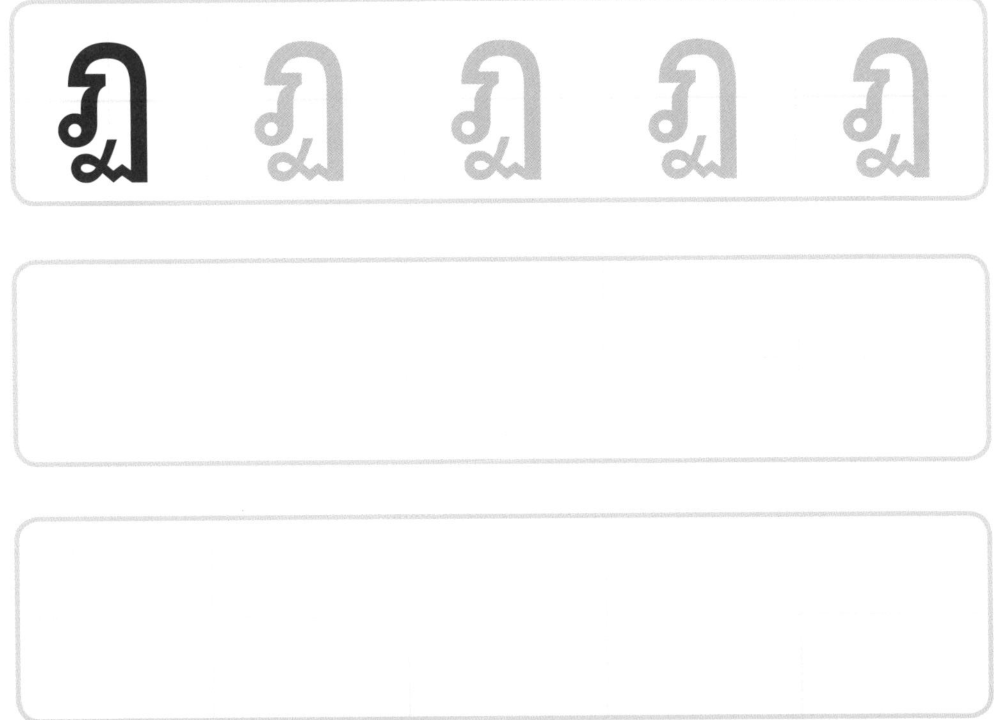

중자음

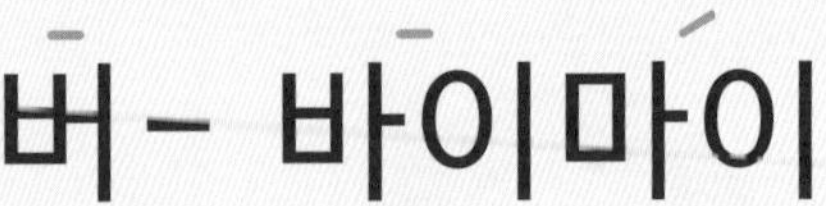

단어 알아보기

버-바이마이 **บ ใบไม้**는 중자음이며
초자음과 종자음 모두 'ㅂ' 소리가 나는 자음이에요.

중자음

빠- 쁠라-

단어 알아보기

ปลา [쁠라-] 물고기

빠-쁠라- ป ปลา는 중자음이며

초자음은 'ㅃ' 소리가 나고 종자음으로는 'ㅂ' 소리가 나는 자음이에요.

중자음

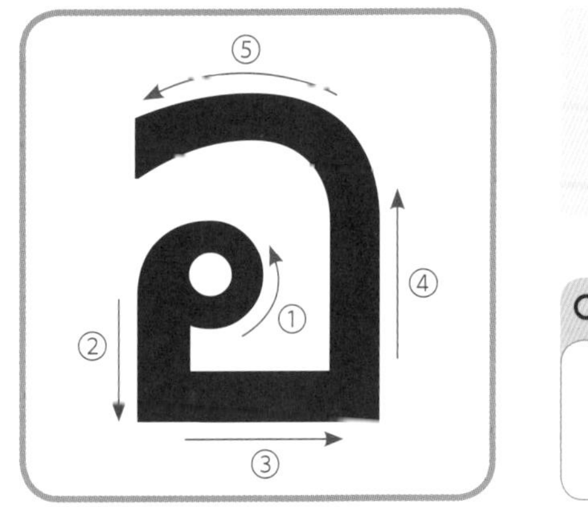

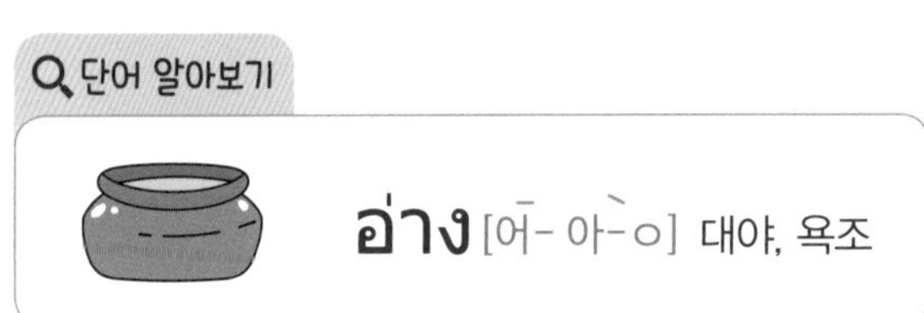

단어 알아보기

อ่าง [어- 아-ㅇ] 대야, 욕조

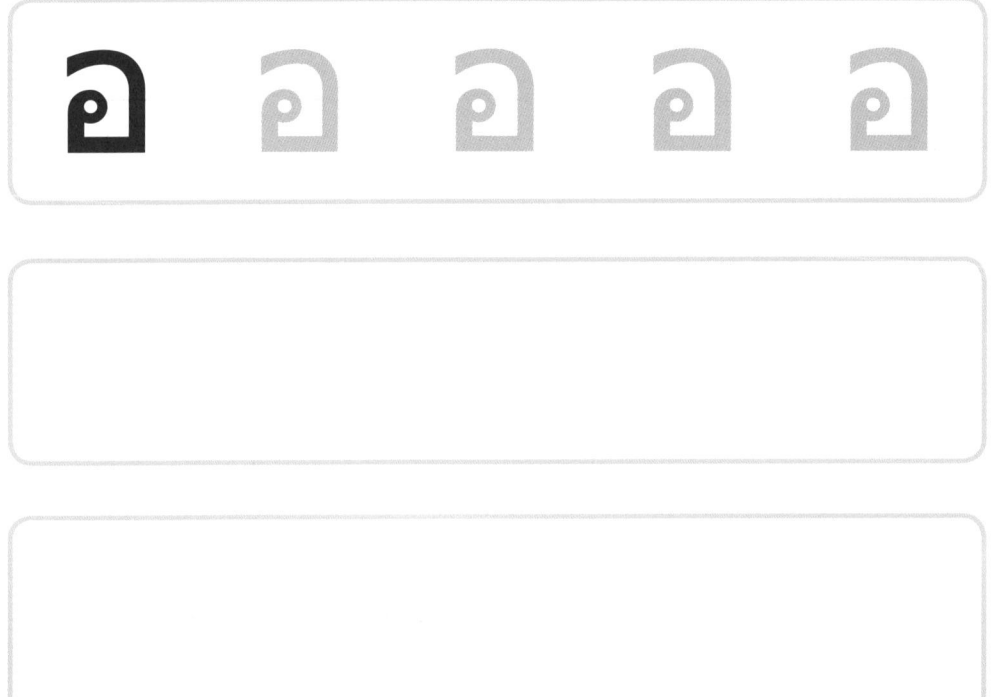

어-아-ㅇ อ อ่าง은 중자음이며
초자음은 'ㅇ' 소리가 나고 종자음으로는 쓰이지 않는 자음이에요.

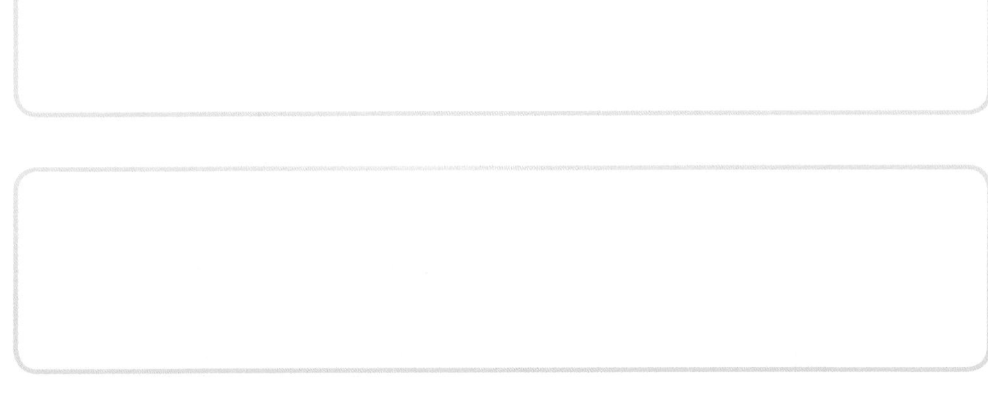

고자음

단어 알아보기

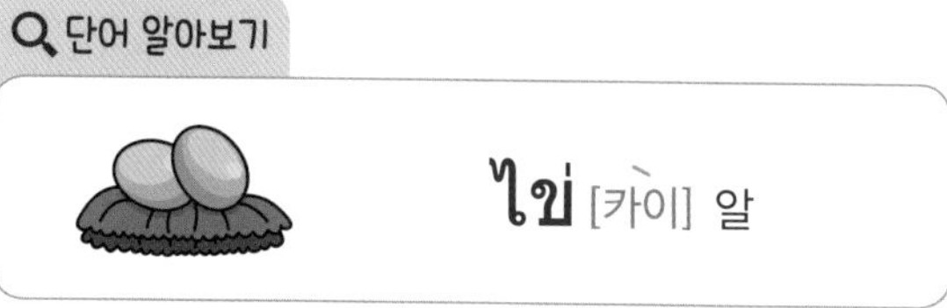

커- 카이 ข ไข่는 고자음이며
초자음은 'ㅋ' 소리가 나고 종자음으로는 'ㄱ' 소리가 나는 자음이에요.

ข ข ข ข ข

고자음

처- 칭 ฉ ฉิ่ง는 고자음이며

초자음은 'ㅊ' 소리가 나고 종자음으로는 쓰이지 않는 자음이에요.

고자음

터ˇ- 타ˇ- ㄴ

단어 알아보기

터- 타-ㄴ **ฐ ฐาน**은 고자음이며
초자음은 'ㅌ' 소리가 나고 종자음으로는 'ㅅ' 소리가 나는 자음이에요.

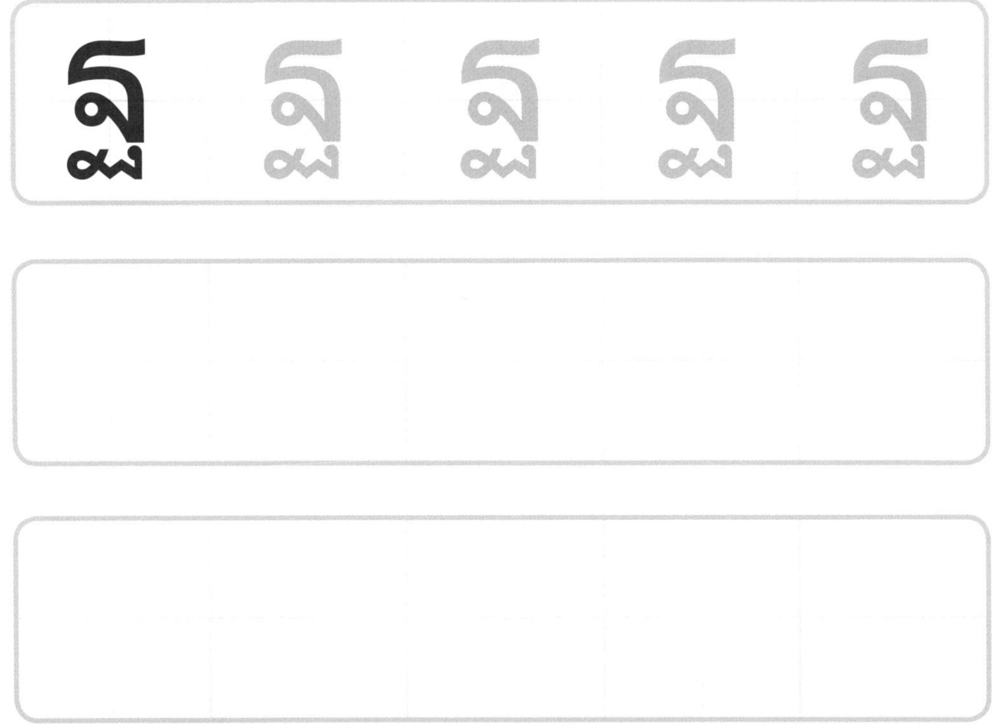

고자음

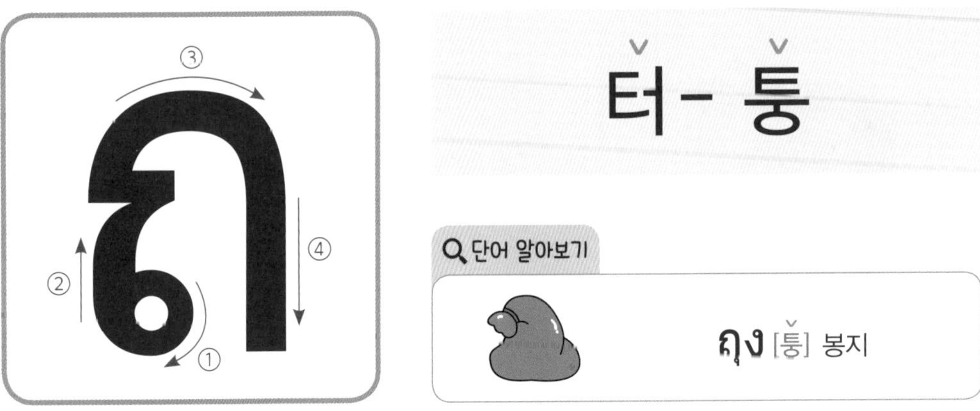

터- 퉁 ถ ถุง은 고자음이며
초자음은 'ㅌ' 소리가 나고 종자음으로는 'ㅅ' 소리가 나는 자음이에요.

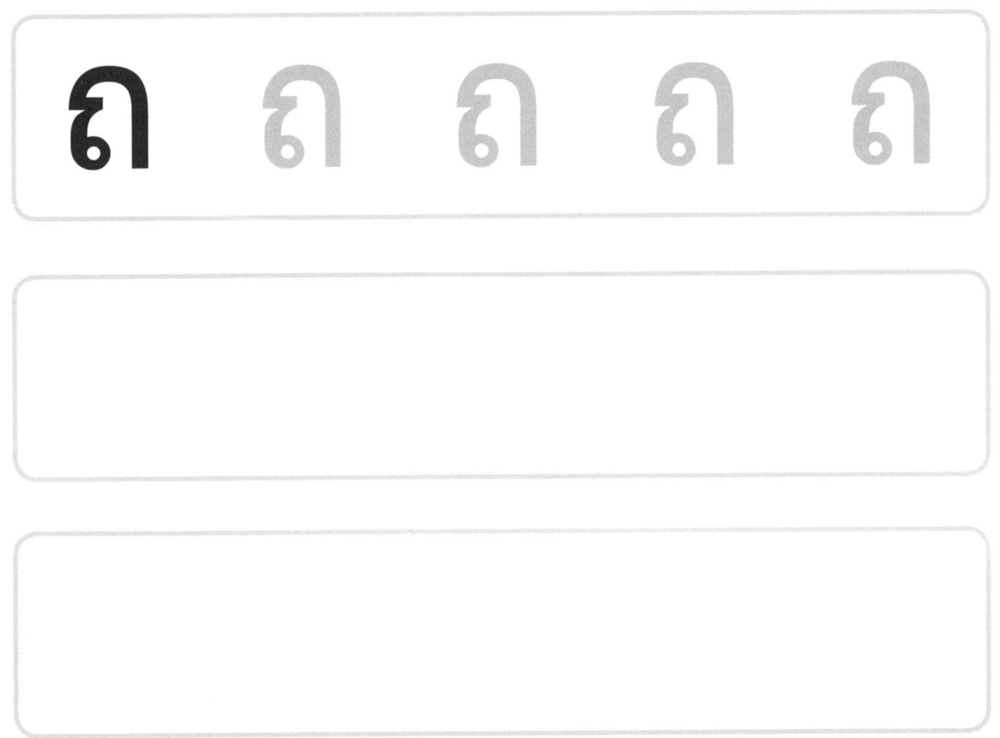

고자음

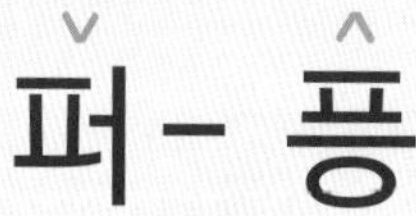

퍼̌-픙̂

단어 알아보기

ผึ้ง [픙̂] 벌

퍼- 픙 ผ ผึ้ง은 고자음이며
초자음은 'ㅍ' 소리가 나고 종자음으로는 쓰이지 않는 자음이에요.

ผ ผ ผ ผ ผ

고자음

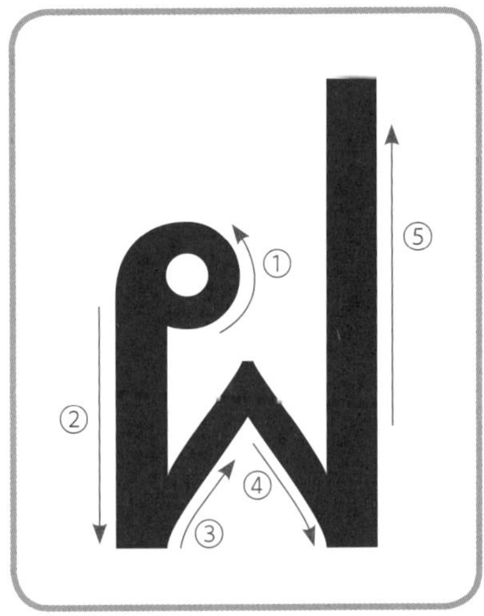

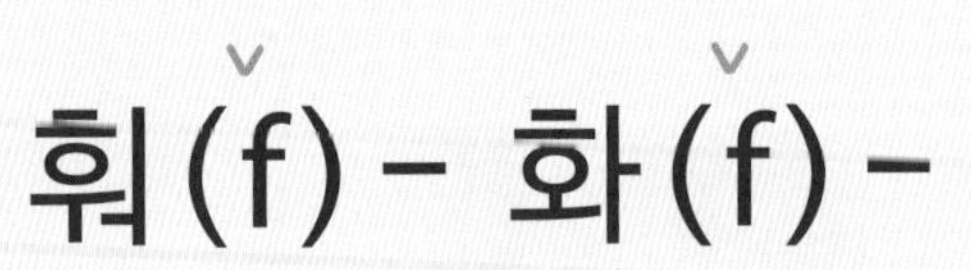

단어 알아보기

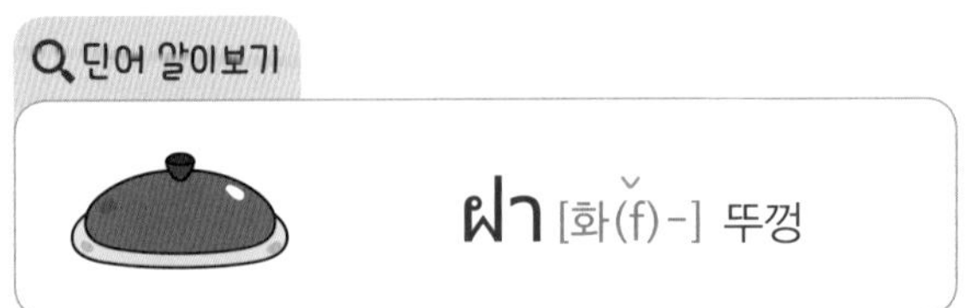

훠(f) - 화(f) - ฝ ฝา는 고자음이며

초자음은 영어의 'f' 소리가 나고 종자음으로는 쓰이지 않는 자음이에요.

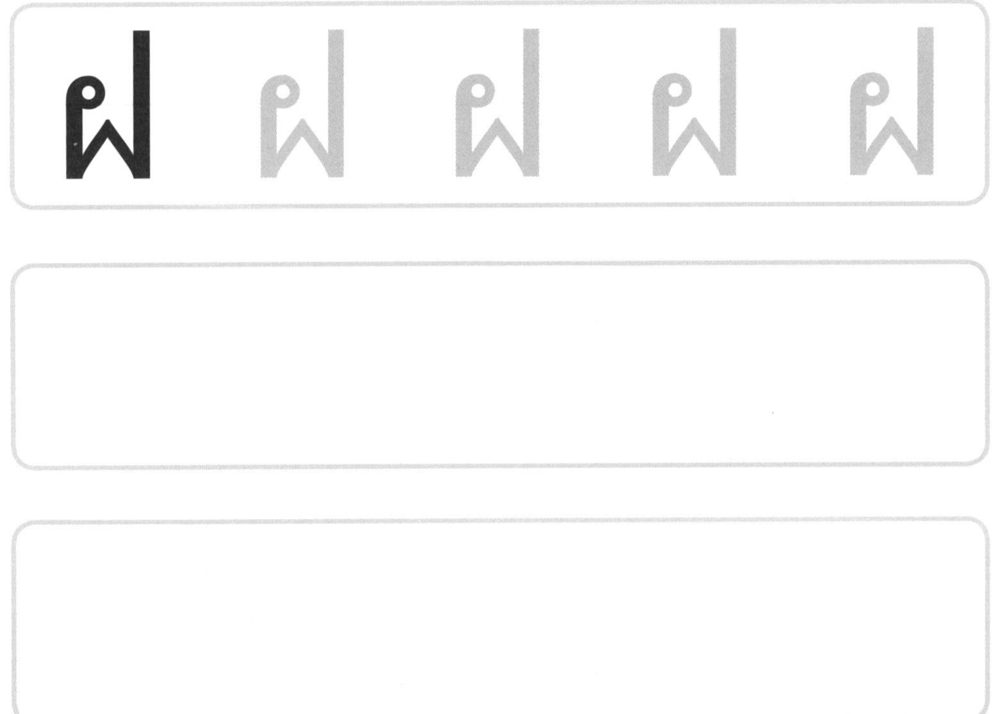

고자음

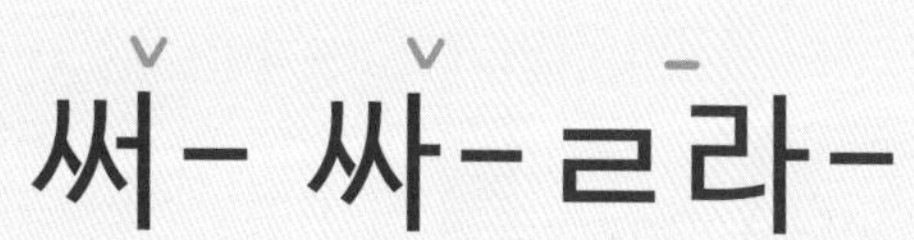

단어 알아보기

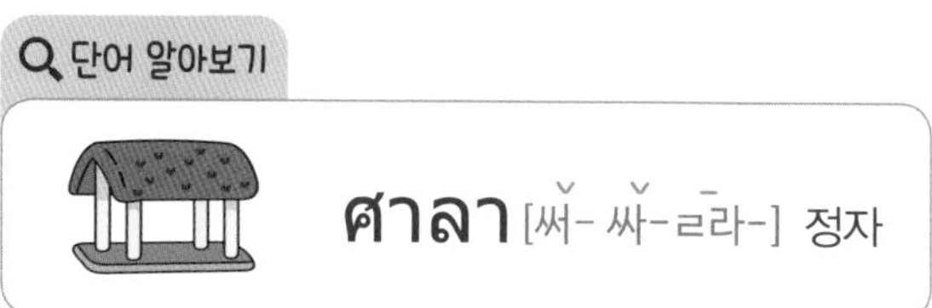

써-쌀-라- **ศ ศาลา**는 고자음이며

초자음은 'ㅆ' 소리가 나고 종자음으로는 'ㅅ' 소리가 나는 자음이에요.

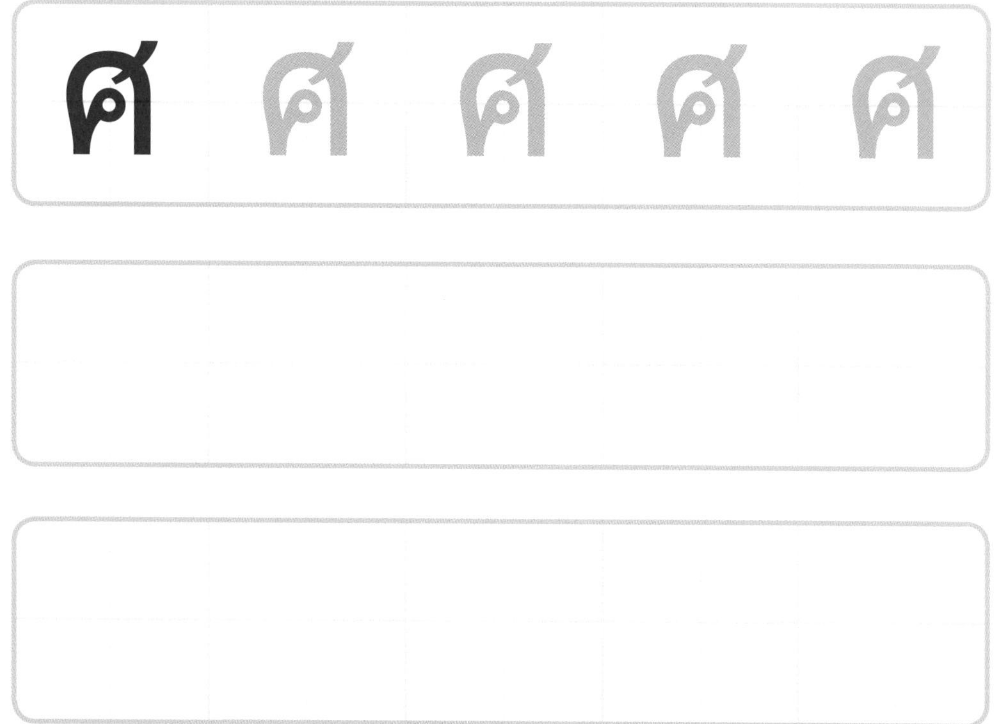

고자음

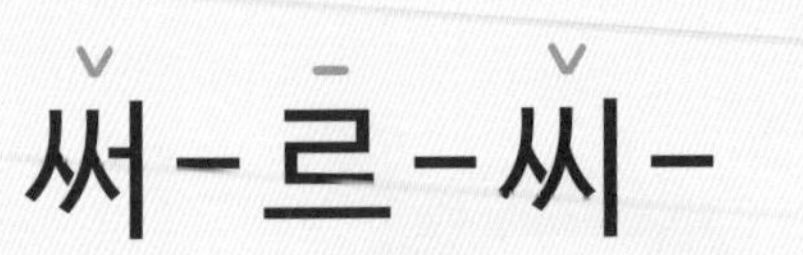

써-르-씨- **ษ ฤาษี**는 고자음이며
초자음은 'ㅆ' 소리가 나고 종자음으로는 'ㅅ' 소리가 나는 자음이에요.

ษ ษ ษ ษ ษ

고자음

써̌-쓰̌-아

단어 알아보기

เสือ [쓰̌-아] 호랑이

써-쓰-아 **ส เสือ**는 고자음이며
초자음은 '씨' 소리가 나고 종자음으로는 'ㅅ' 소리가 나는 자음이에요.

고자음

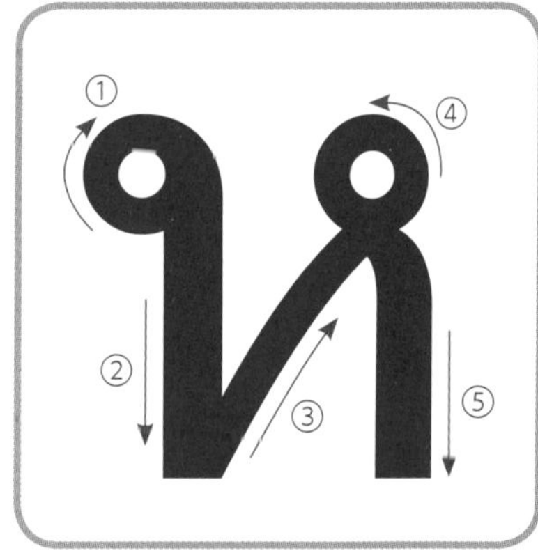

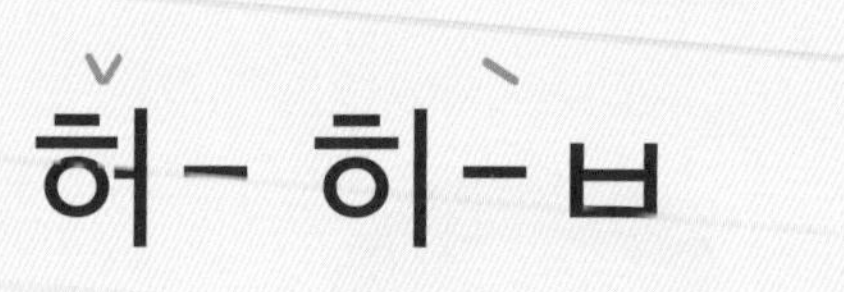

단어 알아보기

หีบ [히`-ㅂ] 상자

허ˇ- 히`-ㅂ ห หีบ은 고자음이며
초자음은 'ㅎ' 소리가 나고 종자음으로는 쓰이지 않는 자음이에요.

ห ห ห ห ห

저자음

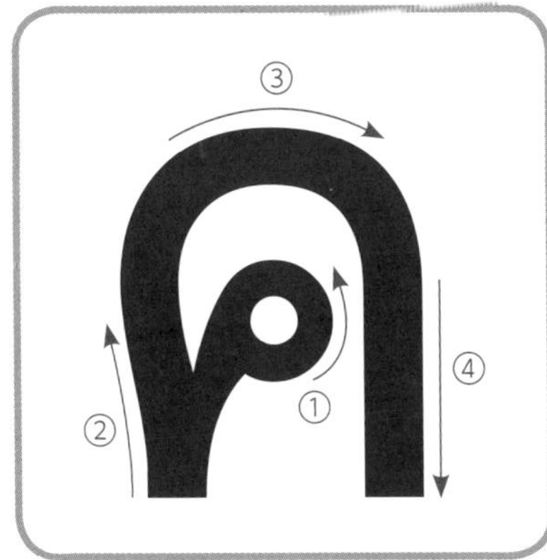

단어 알아보기

คควาย [콰-이] 물소

커- 콰-이 **ค ควาย**는 저자음이며
초자음은 'ㅋ' 소리가 나고 종자음으로는 'ㄱ' 소리가 나는 자음이에요.

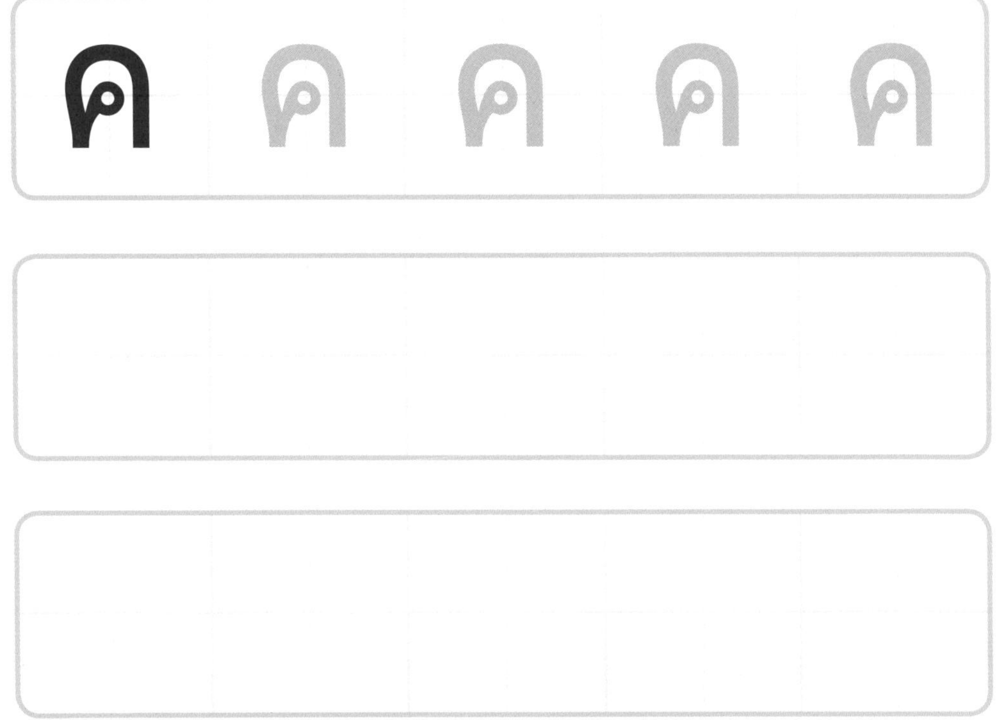

저자음

단어 알아보기

커- 라캉 ฆ ระฆัง는 저자음이며
초자음은 'ㅋ' 소리가 나고 종자음으로는 'ㄱ' 소리가 나는 자음이에요.

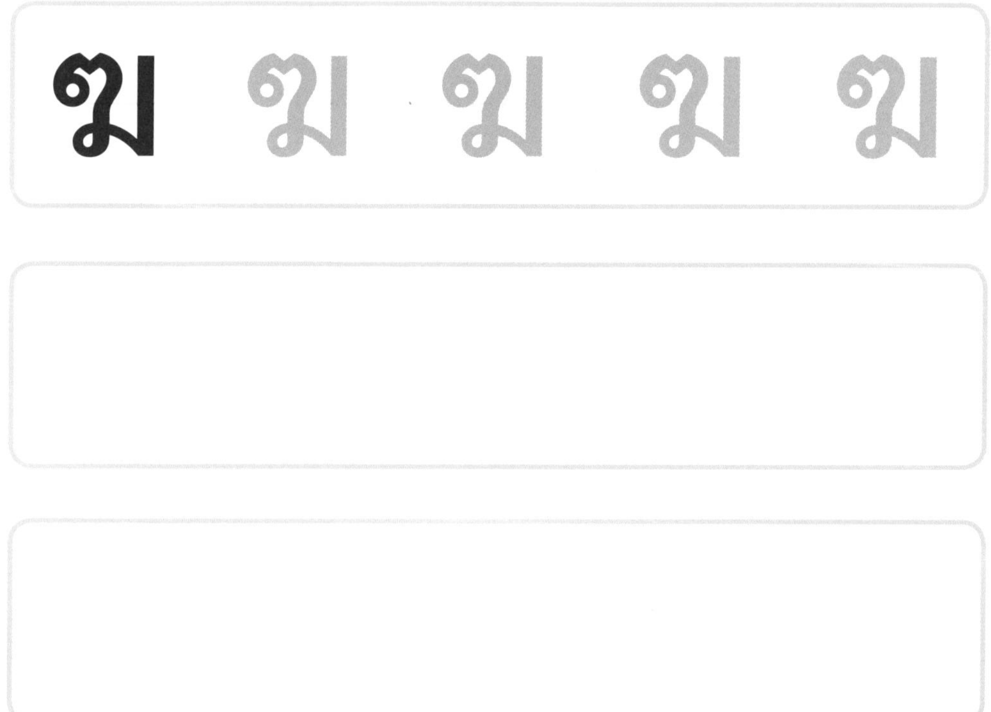

저자음

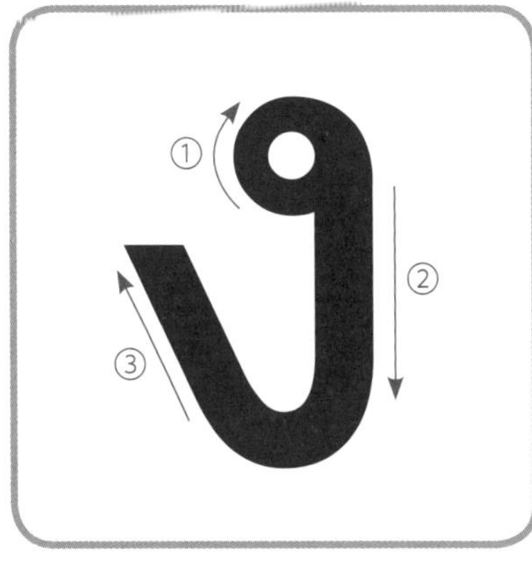

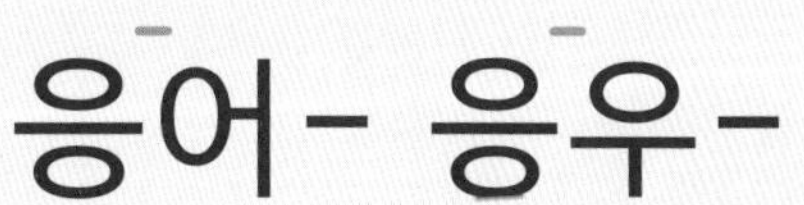

단어 알아보기

응어- 응우- ง งูㄴ는 저자음이며

초자음은 영어의 '-ng' 소리, 즉 '응ㅇ' 처럼 소리가 나고 종자음은 'ㅇ' 소리가 나는 자음이에요.

예시 งาง : 응ㅇ ㅏ- + ㅇ → 응아-ㅇ

저자음

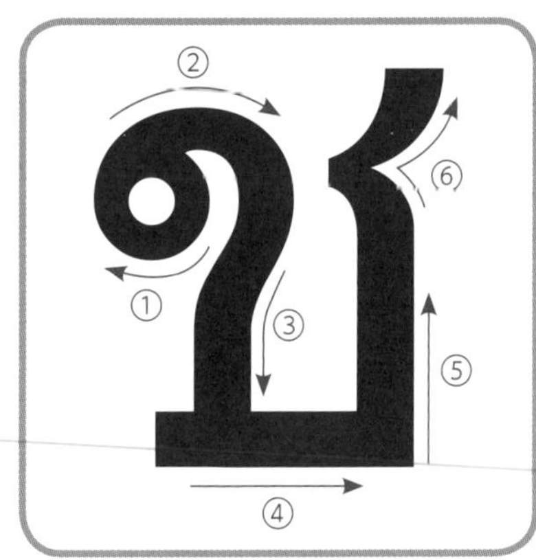

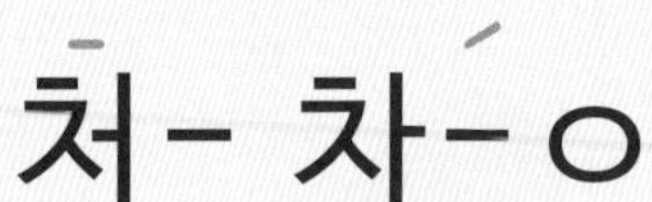

처- 차-ㅇ **ช ช้าง**는 저자음이며
초자음은 'ㅊ' 소리가 나고 종자음으로는 'ㅅ' 소리가 나는 자음이에요.

저자음

단어 알아보기

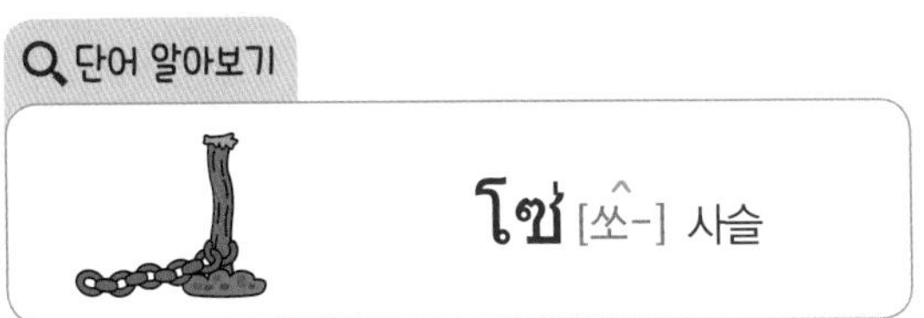

써- 쏘- ซ โซ่는 저자음이며
초자음은 'ㅆ' 소리가 나고 종자음으로는 'ㅅ' 소리가 나는 자음이에요.

저자음

단어 알아보기

처- 츠ㅓ- **ฌ เฌอ**는 저자음이며

초자음은 'ㅊ' 소리가 나고 종자음으로는 쓰이지 않는 자음이에요.

ฌ ฌ ฌ ฌ ฌ

저자음

여(y) - 잉

단어 알아보기

หญิง [잉] 여자

여(y) - 잉 **ญ หญิง**은 저자음이며

초자음은 영어의 'y' 소리가 나고 종자음으로는 'ㄴ' 소리가 나는 자음이에요.

예시 **ญาญ** : y + ㅏ- + ㄴ → 야-ㄴ

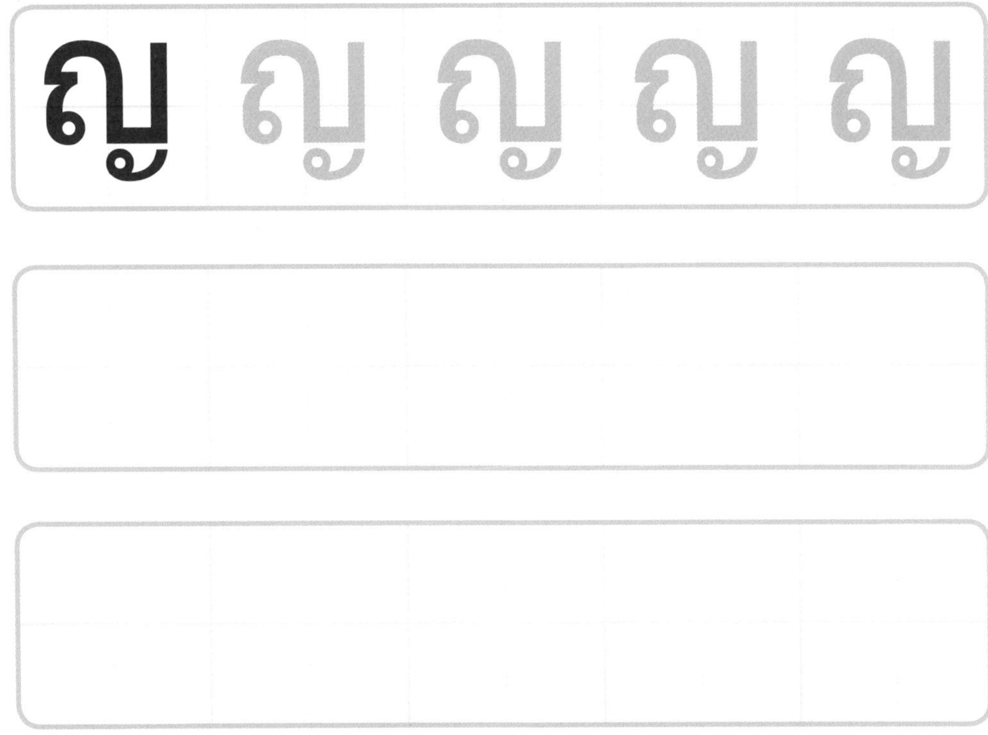

저자음

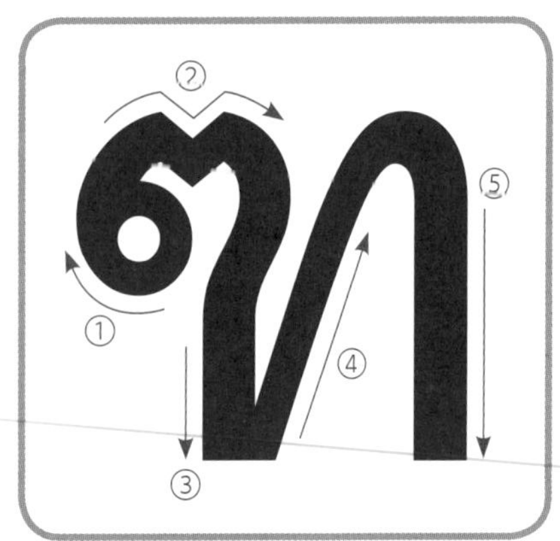

단어 알아보기

터- 몬토- ฑ มนโฑ는 저자음이며
초자음은 'ㅌ' 소리가 나고 종자음으로는 쓰이지 않는 자음이에요.

몬토- มนโฑ라는 단어는 태국에서 사용하는 여자 이름 중 하나입니다.

ฑ ฑ ฑ ฑ ฑ

저자음

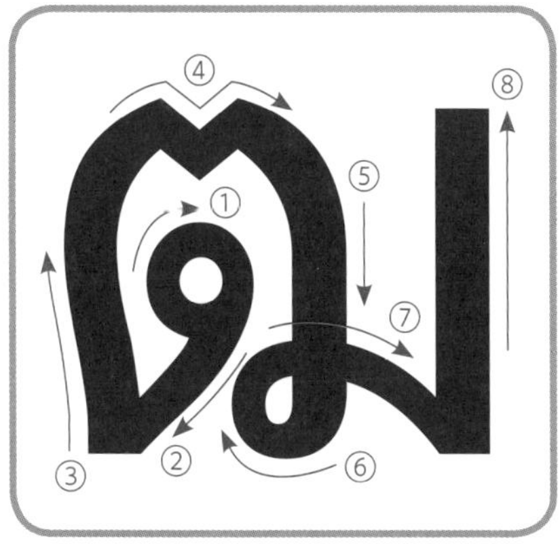

터- 푸^-타^오

단어 알아보기

ผู้เฒ่า [푸^-타^오] 노인

터- 푸-타오 **ฒ ผู้เฒ่า**는 저자음이며
초자음은 'ㅌ' 소리가 나고 종자음으로는 'ㅅ' 소리가 나는 자음이에요.

저자음

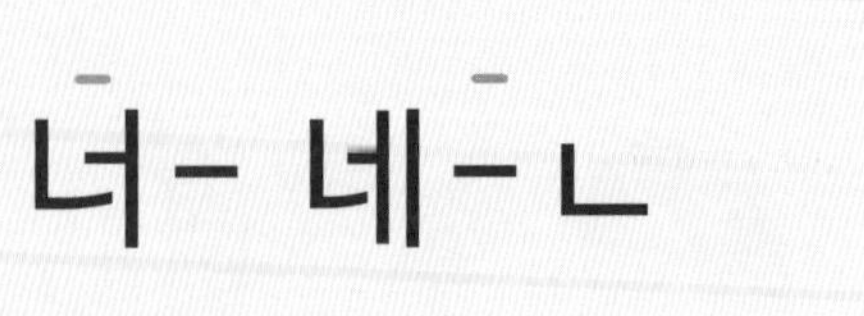

단어 알아보기

เณร [네-ㄴ] 수련승

너- 네-ㄴ **ณ เณร**은 저자음이며
초자음은 'ㄴ' 소리가 나고 종자음으로는 'ㄴ' 소리가 나는 자음이에요.

ณ ณ ณ ณ ณ

저자음

단어 알아보기

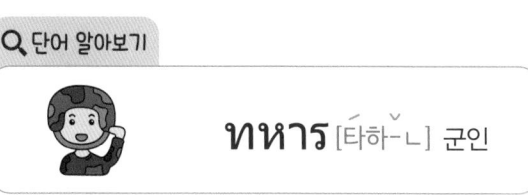

ทหาร [타하-ㄴ] 군인

터- 타하-ㄴ ท ทหาร은 저자음이며

초자음은 'ㅌ' 소리가 나고 종자음으로는 'ㅅ' 소리가 나는 자음이에요.

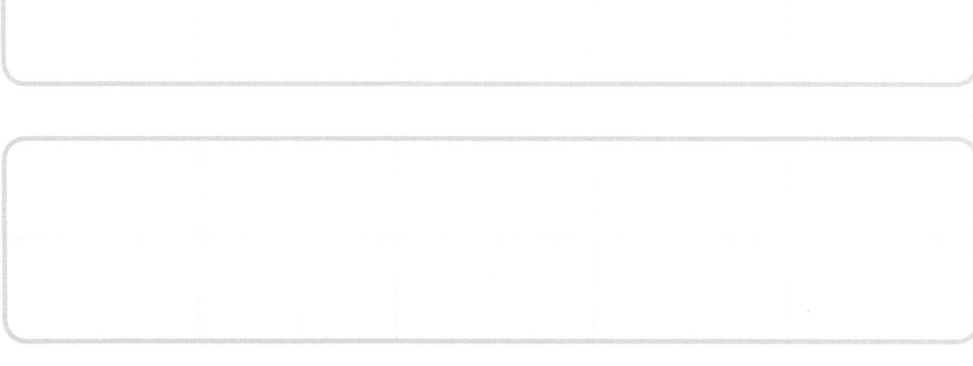

저자음

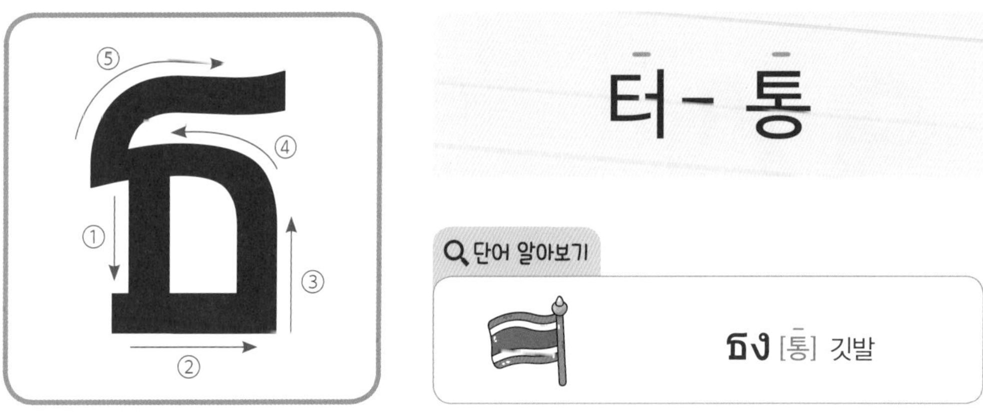

터- 통 ธ ธง은 저자음이며

초자음은 'ㅌ' 소리가 나고 종자음으로는 'ㅅ' 소리가 나는 자음이에요.

저자음

너- 누-

🔍 단어 알아보기

หนู [누-] 쥐

너- 누- น หนู는 저자음이며
초자음과 종자음 모두 'ㄴ' 소리가 나는 자음이에요.

저자음

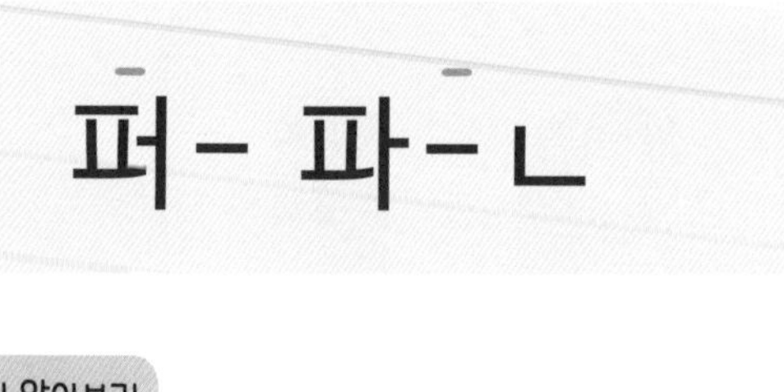

단어 알아보기

퍼- 파-ㄴ **พ พาน**은 저자음이며
초자음은 'ㅍ' 소리가 나고 종자음으로는 'ㅂ' 소리가 나는 자음이에요.

พ พ พ พ พ

저자음

훠̄(f) - 환̄(f)

훠̄(f) - 환̄(f) ฟ ฟันพ은 저자음이며
초자음은 영어의 'f' 소리가 나고 종자음으로는 'ㅂ' 소리가 나는 자음이에요.

저자음

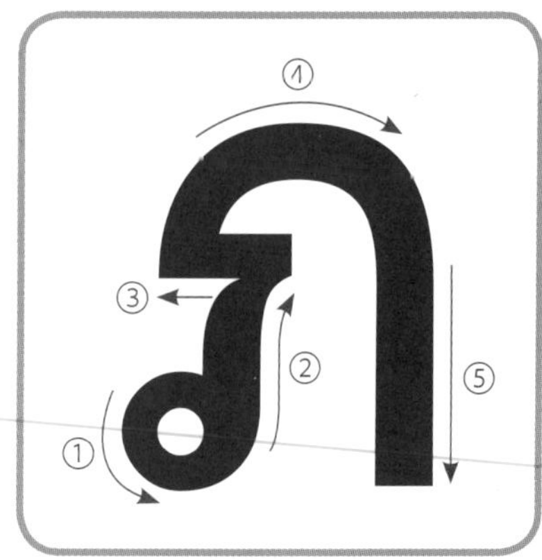

🔍 단어 알아보기

สำเภา [쌈파오] 돛단배

퍼- 쌈파오 **ภ สำเภา**는 저자음이며

초자음은 'ㅍ' 소리가 나고 종자음으로는 'ㅂ' 소리가 나는 자음이에요.

저자음

머- 마- ม ม้า는 저자음이며
초자음과 종자음 모두 'ㅁ' 소리가 나는 자음이에요.

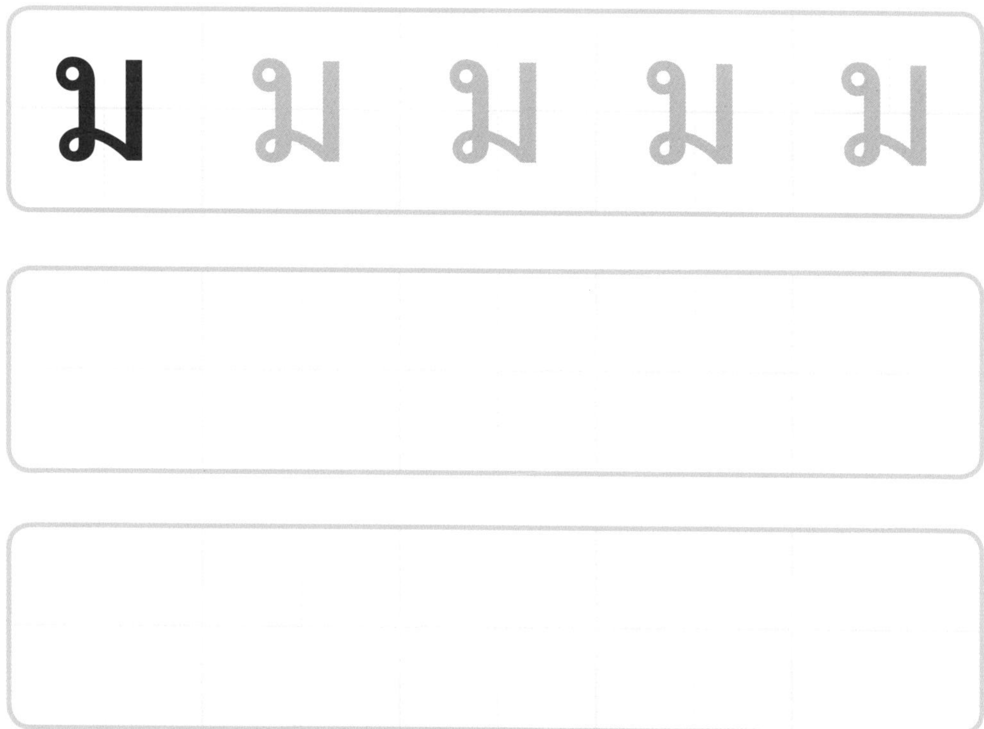

저자음

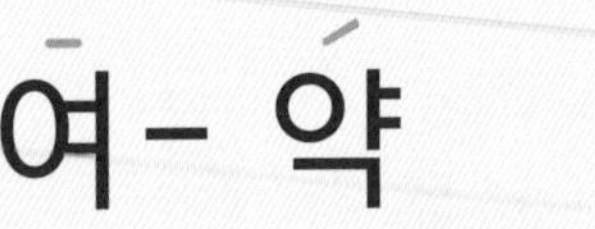

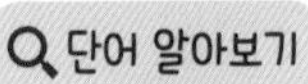

ยักษ์ [약] 도깨비

여- 약 **ย ยักษ์**은 저자음이며
초자음은 영어의 'y' 소리가 나고 종자음으로는 '이' 소리가 나는 자음이에요.

예시 **ยาย** : y + ㅏ- + 이 → 야-이

저자음

단어 알아보기

เรือ [르-아] 배

러- 르-아 ร เรือ는 저자음이며

초자음은 'ㄹ(r)' 소리가 나고 종자음으로는 'ㄴ' 소리가 나는 자음이에요.

예시 ราร : ㄹ(r) + ㅏ- + ㄴ → 라-ㄴ

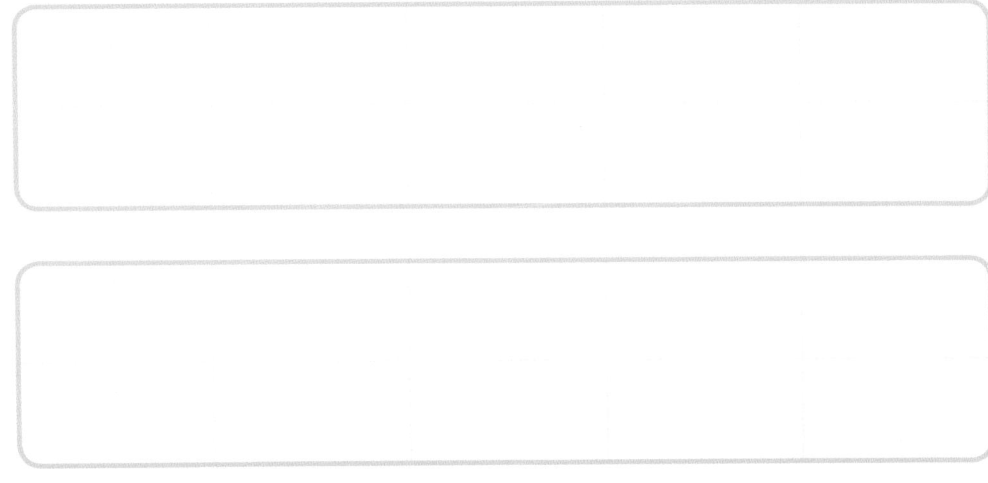

저자음

ㄹ러(l) - ㄹ링

🔍 단어 알아보기

ลิง [ㄹ링] 원숭이

ㄹ러(l) - ㄹ링 ล ลิง은 저자음이며
초자음은 'ㄹㄹ(l)' 소리가 나고 종자음으로는 'ㄴ' 소리가 나는 자음이에요. 발음할 때 그냥 'ㄹ'이 아닌 조금 굴려주는 느낌으로 '을' 소리를 먼저 발음하고 'ㄹ' 발음을 해주면 좀 더 정확한 소리를 낼 수 있어요!

예시 ลาล : ㄹㄹ(l) + ㅏ- + ㄴ → ㄹ라-ㄴ

저자음

단어 알아보기

แหวน [왜-ㄴ] 반지

워(w)-왜-ㄴ ว **แหวน**은 저자음이며
초자음은 영어의 'w' 소리가 나고 종자음으로는 '우' 소리가 나는 자음이에요.

예시 **ววว** : w + ㅏ- + 우 → 와-우

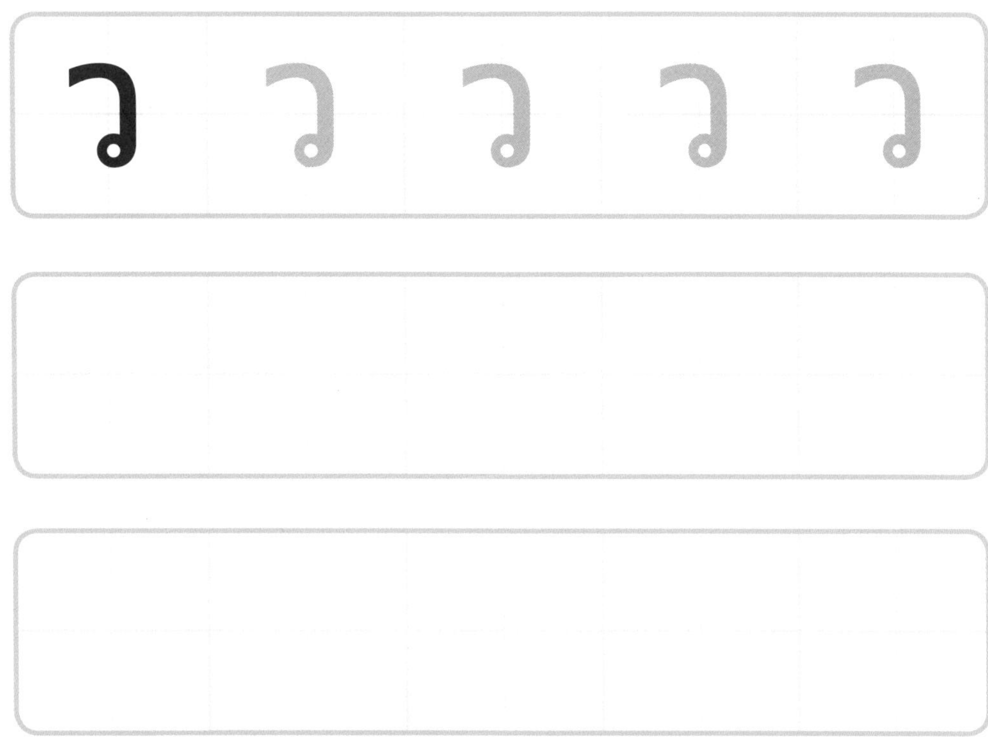

저자음

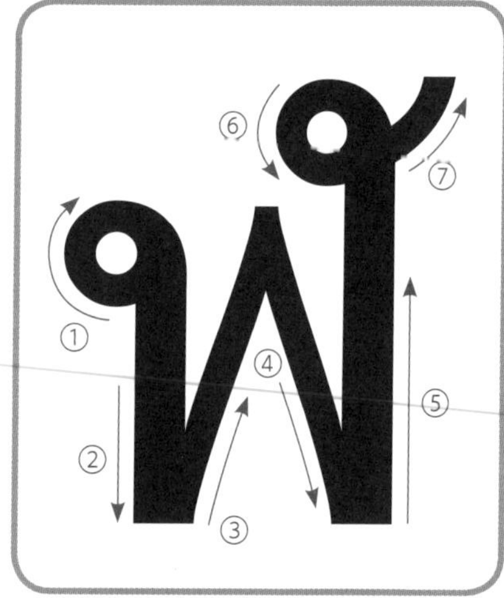

ㄹ러- 쭐라-

단어 알아보기

จุฬา [쭐라-] 연

ㄹ러- 쭐라- **ฬ จุฬา**는 저자음이며
초자음은 'ㄹㄹ(l)' 소리가 나고 종자음으로는 'ㄴ' 소리가 나는 자음이에요.

예시 **ฬาฬ** : ㄹㄹ(l) + ㅏ- + ㄴ → ㄹ라-ㄴ

저자음

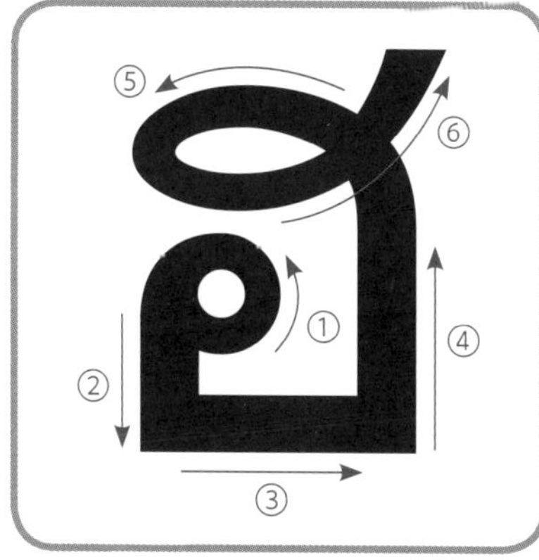

단어 알아보기

นกฮูก [녹후-ㄱ] 부엉이

허- 녹후-ㄱ **ฮ นกฮูก**은 저자음이며
초자음은 'ㅎ' 소리가 나고 종자음으로는 쓰이지 않는 자음이에요.

❶ 태국어의 자음 총정리

1. 초자음 음가에서 주의해야 할 자음

— **ง**는 한국어로 쉽게 표현하기 위해 '응ㅇ'이라고 표기했지만, 실제로는 한 음절 발음으로 응(ng) 음가를 가져요. 따라서 꼭 '응' 소리가 앞에 붙어있는 'ㅇ'에 모음을 붙이는 것을 잊지 말아야 해요!
응ㅇ+모음! 꼭 기억하기!

— 고자음의 **ฝ**와 저자음의 **ฟ**은 영어의 f 소리가 나는 자음으로, 'ㅍ'처럼 발음하지 않게 주의해야 해요.

— 초자음일 때 **ญ, ย은 y, ว은 w로 발음**한다는 사실 잊지 말기!

2. 종자음 음가에서 주의해야 할 자음

— 태국어에는 'ㄹ' 음가의 종자음, 즉 'ㄹ' 받침이 존재하지 않아요. 따라서 **초자음이 'ㄹ' 음가를 가진 경우, 종자음에서는 전부 'ㄴ'으로 소리**난다는 점 꼭 기억해야 해요.

— **ญ**은 초자음일때는 y이지만, 종자음에서는 'ㄴ'이 된다는 점 잊지 말아야 해요.

— **종자음일 때 ย은 '이'로 ว은 '우'로** 각각 발음되며, 일반적인 종자음과 동일하게 쓰면 돼요.

3. 태국어의 종자음 규칙

소리	해당 종자음	단어 예시	
ก [k]	ก ข ค ฆ	ปาก	빠-ㄱ 입
		โรค	로-ㄱ 병
ง [ng]	ง	กางเกง	까-ㅇ께-ㅇ 바지
		เสียง	씨-앙 소리
น [n]	น ญ ณ ร ล ฬ	นอน	너-ㄴ 자다
		อาหาร	아-하-ㄴ 음식

ด [t]	จ ช ซ ฎ ฏ ฐ ฑ ฒ ด ต ถ ท ธ ศ ษ ส	อากาศ	아-까-ㅅ 날씨
		พูด	푸-ㅅ 말하다
บ [p]	บ ป พ ฟ ภ	สิบ	씹 10
		ชอบ	처-ㅂ 좋아하다
ม [m]	ม	สาม	싸-ㅁ 3
		ลืม	르-ㅁ 잊다
ย [y]	ย	ตาย	따-이 죽다
		มาสาย	마-싸-이 늦게 오다
ว [w]	ว	ผิว	피우 피부
		ขาว	카-우 하얗다

4. 저자음의 짝음자음과 홀음자음

— 저자음 23자는 고자음과 소리가 같은 자음이 있는 짝음자음(13글자)와 소리가 같은 음이 없는 홀음자음(10글자)로 나눌 수 있어요.

짝음자음		
음가	저자음	고자음
ㅋ	ค ฆ	ข
ㅊ	ช ฌ	ฉ
ㅆ	ซ	ศ ษ ส
ㅌ	ฑ ฒ ท ธ	ฐ ถ
ㅍ	พ ภ	ผ
f	ฟ	ฝ
ㅎ	ห	ฮ

홀음자음
น ณ ร ล ฬ ง ย ว ญ ม

- 고자음과 저자음은 서로 다른 성조 규칙이 적용돼요. 따라서 고자음만으로는 만들 수 없는 성조(평성, 3성)와 저자음만으로는 만들 수 없는 성조(1성, 4성)이 있어요.
- 따라서 고자음과 저자음의 짝음자음을 각각 잘 활용한다면, 각 음기의 5개의 성조를 모두 만들 수 있어요!
- 홀음자음은 저자음에만 있는 소리들로 홀음자음만으로는 5개의 성조를 만들 수 없어요.
- 그래서 중자음 **อ**과 고자음 **ห**의 도움을 받아 5개의 성조를 만들어야 해요. 이 문법은 뒤에서 더 자세히 알아보기로 해요!

태국어 자음 총정리

중자음 9자								
ก	จ	ด	ต	ฎ	ฏ	บ	ป	อ
ㄲ/ㄱ	ㅉ/ㅅ	ㄷ/ㅅ	ㄸ/ㅅ	ㄷ/ㅅ	ㄸ/ㅅ	ㅂ/ㅂ	ㅃ/ㅂ	ㅇ/-

고자음 10자									
ข	ฉ	ฐ	ถ	ผ	ฝ	ศ	ษ	ส	ห
ㅋ/ㄱ	ㅊ/-	ㅌ/ㅅ	ㅌ/ㅅ	ㅍ/-	f/-	ㅆ/ㅅ	ㅆ/ㅅ	ㅆ/ㅅ	ㅎ/-

저자음 23자									
짝음자음 13자									
ค	ฆ	ช	ฌ	ฑ	ฒ	ท	ธ	พ	ภ
ㅋ/ㄱ	ㅋ/ㄱ	ㅊ/ㅅ	ㅊ/-	ㅌ,ㄷ/-	ㅌ/ㅅ	ㅌ/ㅅ	ㅌ/ㅅ	ㅍ/ㅂ	ㅍ/ㅂ
ฟ	ซ	ฮ							
f/ㅂ	ㅆ/ㅅ	ㅎ/-							
홀음자음 10자									
น	ณ	ร	ล	ฬ	ง	ญ	ย	ว	ม
ㄴ/ㄴ	ㄴ/ㄴ	ㄹ(r)/ㄴ	ㄹㄹ(r)/ㄴ	ㄹㄹ(r)/ㄴ	응ㅇ/ㅇ	y/ㄴ	y/이	w/우	ㅁ/ㅁ

쉬어가기

태국어의 존댓말

태국어에는 한국어와 마찬가지로 높임말과 존대 어휘가 존재해요.

따라서 존댓말을 사용해야 할 때에는
한국어의 '~요/~입니다'와 같은 의미를 나타내는 어조사인 **ค่ะ/คะ**카/카와 **ครับ**크랍을
문장 마지막에 붙이는 것을 절대 잊으면 안돼요!

1) 여성은 **ค่ะ/คะ**카/카 남성은 **ครับ**크랍을 문장의 끝에 사용하면, '~요"과 같은 존댓말을 만들어 줄 수 있어요.
2) 화자가 남성인 경우에는 문장의 종류가 평서문, 부정문, 의문문 상관없이 동일하게 **ครับ**크랍을 사용하면 돼요.
3) 그러나 화자가 여성인 경우에는 평서문과 부정문에는 **ค่ะ**카를 의문문의 경우에는 **คะ**카를 구분해서 사용해야 해요.
   또한 평서문,부정문의 **ค่ะ**카는 성조가 원래는 짧은 2성인 **ค่ะ**카이지만 실제 회화에서는 끝을 조금 더 내린 1성인 **ค่ะ**카로 발음해도 돼요.
4) **ค่ะ**카와 **ครับ**크랍을 단독으로 사용하면, '네'라는 대답이 돼요!
5) 따라서 만약 **ค่ะ/คะ**카/카와 **ครับ**크랍을 생략한다면 존대의 의미가 사라지기 때문에 친구나 가까운 사람에게 사용하는 문장이 될 수 있어요!

A **สวัสดี วนัส** 싸왓디-와낫 안녕 와낫
B **สวัสดีครับ พี่พลอย** 싸왓디-크랍 피-플러-이 안녕하세요 플러이누나

반말	존댓말
ขอบคุณ 커-ㅂ쿤 고마워	**ขอบคุณครับ** 커-ㅂ쿤크랍 감사합니다
ขอโทษ 커-토-ㅅ 미안해	**ขอโทษค่ะ** 커-토-ㅅ카 죄송합니다
นี่อะไร 니-아라이 이거 뭐야?	**นี่อะไรคะ** 니-아라이카 이거 뭐예요?

2장

태국어의 모음

- **태국어의 모음은 모두 32개**가 있어요. 이 중 24개는 **길게 발음하는 장모음과 짧게 발음하는 단모음이 함께 존재하며, 모음의 길이에 따라 성조와 뜻이 달라질 수 있으므로 확실히 발음**해줘야 해요!
- 모음도 자음과 똑같이 동그라미 부분부터 먼저 그려주며, 동그라미가 없는 경우에는 위에서 아래로, 오른쪽에서 왼쪽으로 그려주면 돼요.
- **태국어의 모음은 좌, 우, 위, 아래 사방에 모두 위치**할 수 있으므로, 각 모음이 어느 위치에 자리하는지 구분하여 암기해주면 더 좋아요!
- 자 그럼 우리 함께 모음을 공부해볼까요?

ผ ฝ พ ฟ ภ ม ย ร ล ว ศ ส ห ฬ อ ฮ

ะ า ิ ี ึ ื ุ ู เ-ะ เ แ-ะ แ โ-ะ โ

เ-าะ อ เ-อะ เ-อ เ-ือะ เ-ือ เ-ียะ เ-ีย

-ัวะ -ัว -ำ ใ- ไ- เ-า ฤ ฤๅ ฦ ฦๅ

단순모음

단모음		장모음	
อะ	아	อา	아-

อะ อะ อะ อะ

อา อา อา อา

일상 단어와 함께 배워보기

จะ	짜	미래조동사 (~할 것이다) **จะมา** 올 것 이다
จะ จะ จะ จะ จะ		
มา	마-	오다
มา มา มา มา มา		
ชา	차-	(음료) 차
ชา ชา ชา ชา ชา		
มาก	마-ㄱ	많다, 많이, 매우
มาก มาก มาก มาก มาก		
มะนาว	마나-우	라임
มะนาว มะนาว มะนาว มะนาว มะนาว		

단순모음

단모음		장모음	
อิ	이	อี	이-

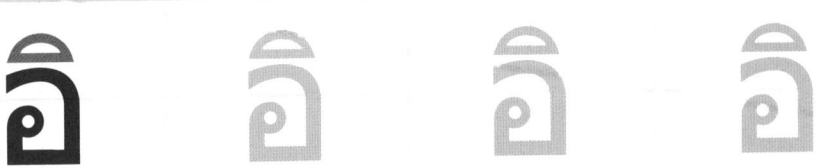

อี อี อี อี

일상 단어와 함께 배워보기

คิด	킷́	생각하다
คิด คิด คิด คิด คิด		
ดี	디̄-	좋다
ดี ดี ดี ดี ดี		
ปิด	삣̀	닫다, 닫히다
ปิด ปิด ปิด ปิด ปิด		
สี	씨̌-	색, 빛깔, 색깔
สี สี สี สี สี		
รีบ	리̂-ㅂ	서두르다
รีบ รีบ รีบ รีบ รีบ		

단순모음

단모음		장모음	
อึ	으	อือ	으-

อึ อึ อึ อึ

อือ อือ อือ

여기서 잠깐!

장모음 **อือ**는 종자음이 없을 때에는 반드시 뒤에 **อ**을 붙여 써야 해요.
그러나 이때 **อ**은 발음하지 않습니다.
예를 들어, 종자음이 있는 므-ㅅ을 쓰려면 **มืด** 이렇게 써야 하지만, 종자음이 없는 므-를 쓰려면 **มือ** 이렇게 써줘야 해요!

일상 단어와 함께 배워보기

ถึง	틍̌	도착하다
ถึง ถึง ถึง ถึง ถึง		
คือ	크̄-	즉 ~이다
คือ คือ คือ คือ คือ		
คืน	크̄-ㄴ	명사) 밤, 저녁, 야간 동사) 돌려주다
คืน คืน คืน คืน คืน		
ตึก	뜩̀	빌딩, 건물
ตึก ตึก ตึก ตึก ตึก		
มือถือ	므̄-트̌-	휴대폰
มือถือ มือถือ มือถือ มือถือ มือถือ		

단순모음

단모음		장모음	
อุ	우	อู	우-

อุ อุ อุ อุ

อู อู อู อู

일상 단어와 함께 배워보기

ดุ	두	(엄하게) 꾸짖다
ดุ ดุ ดุ ดุ ดุ		
ดู	두-	보다
ดู ดู ดู ดู ดู		
ถูก	투-ㄱ	싸다, 맞다, 옳다
ถูก ถูก ถูก ถูก ถูก		
ทุก	툭	모든, 각, 매
ทุก ทุก ทุก ทุก ทุก		
คุย	쿠이	대화하다, 이야기를 나누다
คุย คุย คุย คุย คุย		

단순모음

단모음		장모음	
เอะ	에	เอ	에-

เอะ เอะ เอะ

เอ เอ เอ เอ

일상 단어와 함께 배워보기

เตะ	떼̀	(발로) 차다

เตะ เตะ เตะ เตะ เตะ

เวลา	웰̄-라̄-	시, 시간

เวลา เวลา เวลา เวลา เวลา

เมฆ	메̂-ㄱ	구름

เมฆ เมฆ เมฆ เมฆ เมฆ

เอง	에̄-ㅇ	자기의, 자신의, 스스로

เอง เอง เอง เอง เอง

เอก	에̀-ㄱ	하나만의, 제일, 제 1의

เอก เอก เอก เอก เอก

단순모음

단모음		장모음	
แอะ	애	แอ	애-

แอะ แอะ

แอ แอ แอ

일상 단어와 함께 배워보기

แวะ	왜́	도중에 잠깐 들르다

แวะ แวะ แวะ แวะ แวะ

แตก	때̀-ㄱ	깨지다, 부서지다, 파열하다

แตก แตก แตก แตก แตก

สีแดง	씨̌-대̄-ㅇ	빨간색

สีแดง สีแดง สีแดง สีแดง สีแดง

และ	래́	그리고, ~와/과

และ และ และ และ และ

แพง	패̄-ㅇ	비싸다

แพง แพง แพง แพง แพง

단순모음

단모음		장모음	
โอะ	오	โอ	오-

โอะ โอะ

โอ โอ โอ

일상 단어와 함께 배워보기

โกะ	꼬̀	고 (go) * 영어의 go를 이렇게 쓰고 발음합니다.

โกะ โกะ โกะ โกะ โกะ

โมง	모̄-ㅇ	~시(주간에 시간을 재는 방법)

โมง โมง โมง โมง โมง

โรงแรม	로̄-ㅇ래̄-ㅁ	호텔

โรงแรม โรงแรม โรงแรม โรงแรม โรงแรม

โต	또̄-	크다, 거대하다 자라다, 성장하다

โต โต โต โต โต

โลก	로̂-ㄱ	지구, 세계, 세상, 우주

โลก โลก โลก โลก โลก

단순모음

단모음		장모음	
เอาะ	어	ออ	어-

เอาะ เอาะ

ออ ออ ออ

일상 단어와 함께 배워보기

เกาะ	꺼̀	섬

เกาะ เกาะ เกาะ เกาะ เกาะ

รอ	러̄-	기다리다

รอ รอ รอ รอ รอ

ชอบ	처̂-ㅂ	좋아하다

ชอบ ชอบ ชอบ ชอบ ชอบ

บอก	버̀-ㄱ	말하다

บอก บอก บอก บอก บอก

เยาะ	여́	비웃다, 빈정거리다

เยาะ เยาะ เยาะ เยาะ เยาะ

단순모음

단모음		장모음	
เอะ	으ㅓ	เอ	으ㅓ-

เอะ เอะ

เอ เอ

일상 단어와 함께 배워보기

เยอะ	으ㅕ́	많다

เยอะ เยอะ เยอะ เยอะ เยอะ

เจอ	쯔ㅓ-	만나다

เจอ เจอ เจอ เจอ เจอ

เธอ	트ㅓ-	2인칭 대명사) 너 3인칭 대명사) 그녀

เธอ เธอ เธอ เธอ เธอ

เถอะ	트ㅓ̀	~하자(동사의 뒤에 붙여 권유의 표현을 만들어주는 종결 어미)

เถอะ เถอะ เถอะ เถอะ เถอะ

เทอม	트ㅓ-ㅁ	학기

เทอม เทอม เทอม เทอม เทอม

이중모음

단모음		장모음	
เอียะ	이아	เอีย	이-아

เอียะ เอียะ

เอีย เอีย

일상 단어와 함께 배워보기

เดียะ	디아	재빠르다

เดียะ เดียะ เดียะ เดียะ เดียะ

เสีย	씨-아	나빠지다, 상하다, 고장나다

เสีย เสีย เสีย เสีย เสีย

เรียน	리-안	배우다, 공부하다

เรียน เรียน เรียน เรียน เรียน

ชาเขียว	차-키-아우	녹차

ชาเขียว ชาเขียว ชาเขียว ชาเขียว ชาเขียว

เมีย	미-아	아내

เมีย เมีย เมีย เมีย เมีย

이중모음

단모음		장모음	
เอือะ	으아	เอือ	으-아

เอือะ เอือะ

เอือ เอือ

일상 단어와 함께 배워보기

เสือ	쓰̌-아	호랑이

เสือ เสือ เสือ เสือ เสือ

เรือ	르̄-아	배(선박)

เรือ เรือ เรือ เรือ เรือ

เดือน	드̄-안	달, 월

เดือน เดือน เดือน เดือน เดือน

เมือง	므̄-앙	도시

เมือง เมือง เมือง เมือง เมือง

เกือบ	끄̀-압	거의, 거의 ~할 뻔하다

เกือบ เกือบ เกือบ เกือบ เกือบ

이중모음

단모음		장모음	
อัวะ	우아	อัว	우-아

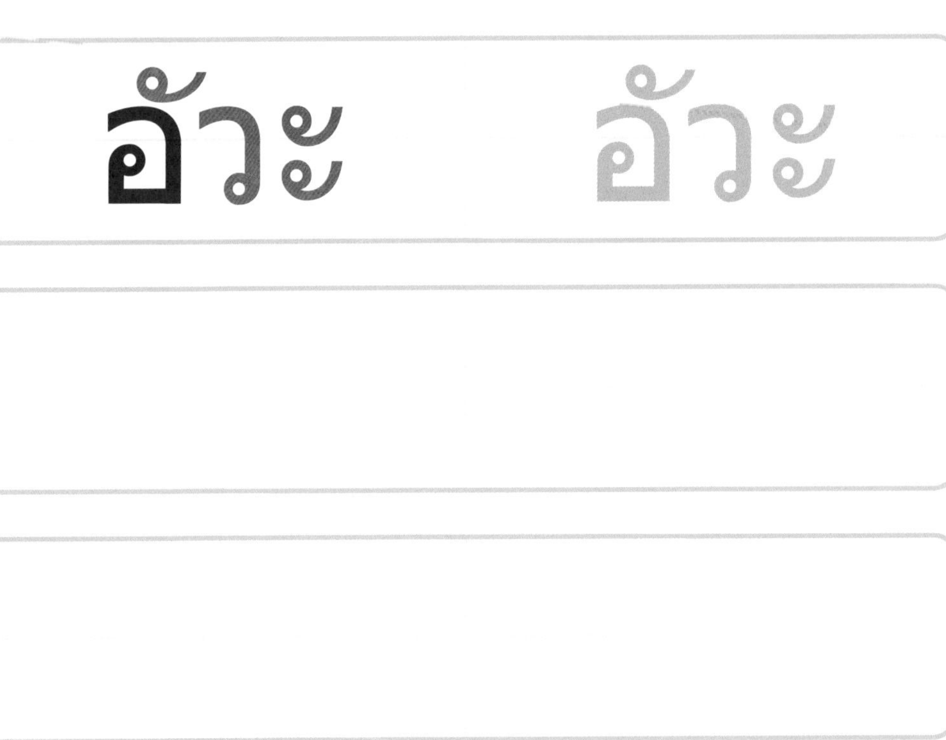

일상 단어와 함께 배워보기

단어	발음	뜻
ผัว	푸ˇ-아	남편
หัว	후ˇ-아	머리
ตัว	뚜-아	자기, 모습
วัว	우-아	소
งัวเงีย	응우-아응이-아	잠이 덜 깨다, 몽롱하다

ผัว ผัว ผัว ผัว ผัว

หัว หัว หัว หัว หัว

ตัว ตัว ตัว ตัว ตัว

วัว วัว วัว วัว วัว

งัวเงีย งัวเงีย งัวเงีย งัวเงีย งัวเงีย

반음절모음

อำ	ใอ	ไอ	เอา
암	아이	아이	아오

อำ อำ อำ

ใอ ใอ ใอ

ไอ ไอ ไอ

เอา เอา

일상 단어와 함께 배워보기

ดำ	담	검다, 검은

ดำ ดำ ดำ ดำ ดำ

ใจ	짜이	마음

ใจ ใจ ใจ ใจ ใจ

ไป	빠이	가다

ไป ไป ไป ไป ไป

เมา	마오	취하다

เมา เมา เมา เมา เมา

อะไร	아라이	무엇, 뭐

อะไร อะไร อะไร อะไร อะไร

음절모음

ฤ	ฤๅ	ฦ	ฦๅ
르,리,르ㅓ(r)	르-(r)	르(l)	르-(l)

ฤ ฤ ฤ ฤ

ฤๅ ฤๅ ฤๅ

ฦ ฦ ฦ

ฦๅ ฦๅ ฦๅ

일상 단어와 함께 배워보기

ฤดู	르두-	계절

ฤดู ฤดู ฤดู ฤดู ฤดู

อังกฤษ	앙끄릿	영국, 영어

อังกฤษ อังกฤษ อังกฤษ อังกฤษ

ฤาษี	르-씨-	수도자

ฤาษี ฤาษี ฤาษี ฤาษี ฤาษี

พฤษภาคม	프룻싸파-콤	5월

พฤษภาคม พฤษภาคม พฤษภาคม

พฤศจิกายน	프룻싸찌까-욘	11월

พฤศจิกายน พฤศจิกายน พฤศจิกายน

❶ 태국어의 모음 총정리

지금까지 태국어의 모음을 다 공부해봤는데요! 마지막으로 조금만 더 자세히 살펴보자면, 태국어의 모음은 아래와 같이 나눌 수 있어요.

1. 첫 번째, 태국어의 모음에는 발음할 때 입모양이 변하지 않는 단순 모음 18개가 있어요.

อะ	아	อา	아-
อิ	이	อี	이-
อึ	으	อือ	으-
อุ	우	อู	우-
เอะ	에	เอ	에-
แอะ	애	แอ	애-
โอะ	오	โอ	오-
เอาะ	어	ออ	어-
เออะ	으ㅓ	เออ	으ㅓ-

เออะ으ㅓ/เออ으ㅓ-는 **'으'와 '어'의 중간 발음**으로 한국어에는 없는 발음이라 조금 어색하다고 느껴지겠지만, **'으'의 입모양을 유지한 상태에서 '어' 소리**를 내려고 노력한다면 충분히 발음할 수 있을 거예요! 이때 발음하는 과정에서 **중간에 입 모양이 절대! 바뀌지 않도록 주의**해야 해요!

2. 두 번째, 발음을 시작할 때와 끝날 때의 입모양이 바뀌는 이중모음은 총 6개가 있어요.

태국어에서는 장모음의 이중모음이 주로 사용되고 단모음은 주로 의성어나 의태어 등에 많이 사용되며 일반적인 어휘에서는 잘 쓰이지 않아요!

เอียะ	이아	เอีย	이-아
เอือะ	으아	เอือ	으-아
อัวะ	우아	อัว	우-아

3. 세 번째, 모음과 종자음이 결합된 형태인 4개의 반음절 모음이 있어요.

이 모음들은 아래와 같은 세 가지의 특징을 가진다는 점 꼭 기억해주어야 해요!

① 발음은 단모음처럼 짧게 발음하기!
② 성조 계산시에는 장모음, 즉 생음으로 간주하여 계산하기!
③ 종자음이 포함되어 있으므로, 따로 종자음이 올 수 없다는 것 기억하기!

อำ	암	ใอ	아이
ไอ	아이	เอา	아오

4. 마지막으로, 자음과 결합하여 하나의 음절을 이루고 있는 모음인 4개의 음절모음이 있어요.

태국어의 다른 모음들은 반드시 초자음과 결합하여 활용되는 데에 반해 **이 모음들은 이미 초자음이 결합된 형태**라고 생각해주면 편해요!
따라서 뒤에 종자음이 올 수도 있어요.
음절모음은 주로 고어나 시어 등에 사용되며, **단어에 따라 발음이 달라지는 경우도 있으니 단어별 소리를 꼭 기억**해서 사용해야 해요.

대표적인 단어로는 '계절'이라는 뜻의 **ฤดู** 르두-가 있어요!

ฤ	르, 리, 르ㅓ (r)	ฤๅ	르-(r)
ฦ	르(l)	ฦๅ	르-(l)

자모음 결합 연습 문제 ①

아래의 예시와 같이 한국어로 발음을 적어보세요!

예시

มา	오다	마̄-

ไป	가다	
มา	오다	
กิน	먹다	
เจอ	만나다	
ทำ	하다, 만들다	
ดู	보다	
เรียน	배우다, 공부하다	
หา	찾다	
หาย	사라지다, 잃어버리다	

รอ	기다리다	
จำ	기억하다	
ลืม	잊다	
คิด	생각하다	
พูด	말하다	
บอก	말하다, 고하다	
คุย	대화하다	
ออก	나가다, 나오다	
ชอบ	~을 좋아하다	
ดี	좋다	
ผิด	잘못하다, 틀리다	

자모음 결합 연습 문제 ②

아래의 예시와 같이 한국어로 발음을 적어보세요!

예시

มา	오다	마-

ตา	(신체) 눈	
ปาก	(신체) 입	
ขา	(신체) 다리	
แขน	(신체) 팔	
เอว	(신체) 허리	
หู	(신체) 귀	
หัว	(신체) 머리	
คาง	(신체) 턱	
คอ	(신체) 목	

มือ	(신체) 손	
คุณ	당신 (2인칭 대명사)	
เขา	그, 그사람, 그녀	
เธอ	너 (2인칭 대명사)	
เรา	우리 (1인칭 복수 대명사)	
อาย	부끄럽다, 수줍다	
ดีใจ	기쁘다	
เสียใจ	상심하다, 유감스럽다	
โมโห	화를 내다, 화나다	
เรือ	배 (선박)	
เมีย	아내	

자모음 결합 연습 문제 ③

아래의 예시와 같이 한국어로 발음을 적어보세요!

예시

มา	오다	마-

ทำอาหาร	요리하다	
โรงเรียน	학교	
ขอบคุณ	고맙다	
ขอโทษ	미안하다	
นาที	(시간의) 분	
ถาม	질문하다, 물어보다	
ตอบ	대답하다	
ของ	~의 (소유격 전치사), 물건	
ชีวิต	인생, 삶, 생활	

ตาย	죽다	
ขาย	팔다, 판매하다	
เอา	가지다	
นอก	바깥의, 밖에	
ใน	안의, 안에	
ผอม	날씬하다	
อีก	다시, 더	
สอง	숫자 '2'	
ยอม	동의하다, 인정하다	
วอน	원 (한국의 화폐 단위)	
บาท	바트 (태국의 화폐 단위)	

태국어의 기본 인삿말

싸와디카~ 코쿤캅~ 많이 들어보셨죠?
그러나 이 표현들은 올바른 발음이 아니며, 태국어를 배우는 우리들은 앞으로 정확한 발음으로 해주셔야 해요!

그럼 우리 함께 태국어의 기본 인삿말과 표현들에는 어떤 것들이 있는지 자세히 알아볼까요?

A **สวัสดีค่ะ** 싸왓디-카 안녕하세요.
B **สวัสดีครับ** 싸왓디-크랍 안녕하세요.

A **ยินดีที่ได้รู้จักค่ะ** 인디-티-다이루-짝 카 만나서 반갑습니다.
B **ยินดีที่ได้รู้จักเช่นกันครับ** 인디-티-다이루-짝체-ㄴ깐크랍
저도 마찬가지로 만나서 반갑습니다.

A **สวัสดีค่ะ** 싸왓디-카 안녕히 가세요./안녕히 계세요.
B **ไปก่อนนะครับ** 빠이꺼-ㄴ나크랍 먼저 가겠습니다.
A **เจอกันใหม่นะคะ** 쯔ㅓ-깐마이나카 또 만나요.

*싸왓디라는 표현은 만났을 때나 헤어질 때 둘 다 사용할 수 있어요!

A **ขอบคุณค่ะ** 커-ㅂ쿤카 감사합니다.
B **ไม่เป็นไรครับ** 마이뻰라이크랍 괜찮습니다.

A **ขอโทษครับ** 커-토-ㅅ크랍 죄송합니다.
B **ไม่เป็นไรค่ะ** 마이뻰라이카 괜찮습니다.

3장

모음의 생략과 변형

- 종자음이 오는 경우 일부 모음이 축약되어 형태가 없어지거나 다른 모양으로 변하는 경우가 있어요.
- 이번 장에서는 모음의 생략, 단모음의 형태 변화, 장모음의 형태 변화를 배울 거예요.

그럼 함께 알아볼까요?

❶ 모음의 생략

단모음 โ-ะ오 는 종자음이 오면 생략되어 형태가 없어져요.

초자음		모음		종자음		단어
ค	+	โ-ะ	+	น	=	คน 콘 사람

일상 단어와 함께 배워보기

พบ	폽	만나다

พบ พบ พบ พบ พบ

นม	놈	우유

นม นม นม นม นม

ฝน	폰(f)	비

ฝน ฝน ฝน ฝน ฝน

ตก	똑	떨어지다, 내리다

ตก ตก ตก ตก ตก

*ฝนตก ฝน폰과 ตก똑을 함께 쓰면 폰똑 비가 떨어지다, 즉 '비가 오다' 라는 문장이 돼요! 쉽죠?

❷ 단모음의 형태 변화

① 단모음 -ะ아 는 종자음이 오면 ◌ั+**종자음**의 형태로 변화해요.

초자음		모음		종자음		단어
ร	+	ะ	+	ก	=	**รัก** 락 사랑하다

일상 단어와 함께 배워보기

วัน	완	날, 일

วัน วัน วัน วัน วัน

จับ	짭	잡다

จับ จับ จับ จับ จับ

ตัด	땃	자르다

ตัด ตัด ตัด ตัด ตัด

ขับรถ	캅롯	운전하다

ขับรถ ขับรถ ขับรถ ขับรถ ขับรถ

여기서 잠깐!

단모음 **อะ**아의 형태 변화를 배우고 나면, 우리가 앞에서 배웠던 장모음 **-ัว**우-아와 헷갈리게 돼요. 그러나 **-ัว**는 **ว**이 종자음으로 온 게 아니라 장모음 **-ัว**우-아이기 때문에 **หัว**는 하우가 아니라 **หัว**후ˇ-아로 읽어줘야 한다는 점! 꼭 기억해야 해요!

② 단모음 부호 **-ะ**가 사용되는 모음 **เ-ะ**에 **แ-ะ**에 등에 종자음이 오면 **-ะ**가 단모음 부호 ็로 바뀌며, 단모음 부호는 초자음 위에 표시해요.

초자음		모음		종자음		단어
ด	+	เ-ะ	+	ก	=	**เด็ก** 덱ˋ 아이

일상 단어와 함께 배워보기

เป็น 뻰ˉ ~이다

เป็น เป็น เป็น เป็น เป็น

แข็ง 캥ˇ 단단한

แข็ง แข็ง แข็ง แข็ง แข็ง

เจ็บ 쩹ˋ 아프다

เจ็บ เจ็บ เจ็บ เจ็บ เจ็บ

เล็ก	렉́	작다

เล็ก เล็ก เล็ก เล็ก เล็ก

เย็น	옌̄	시원하다

เย็น เย็น เย็น เย็น เย็น

❸ 장모음의 형태 변화

① 장모음 เ-อ으ㅓ-는 종자음이 오면 เ◌ิ+종자음의 형태로 변화해요.

초자음		모음		종지음		단어
ป	+	เ-อ	+	ด	=	เปิด 쁘ㅓ-ㅅ 열다

일상 단어와 함께 배워보기

เดิม	드ㅓ-ㅁ	원래

เดิม เดิม เดิม เดิม เดิม

เลิก	르ㅓ-ㄱ	끊다, 그만두다

เลิก เลิก เลิก เลิก เลิก

เติม	뜨ㅓ-ㅁ	더하다, 증가하다

เติม เติม เติม เติม เติม

เกิด	끄ㅓ-ㅅ	낳다, 태어나다, 일어나다

เกิด เกิด เกิด เกิด เกิด

เกินไป	끄ㅓ̄-ㄴ빠̄이	지나치다, 지나치게 ~하다, 너무 ~하다

เกินไป เกินไป เกินไป เกินไป เกินไป

그러나 이때, 종자음이 **ย**이 오면, **เ-ย**의 형태로 변화해요. 꼭 기억해주세요!

초자음		모음		종자음		단어
ค	+	เ-อ	+	ย	=	**เคย** 크ㅓ̄-이 ~한 적이 있다

일상 단어와 함께 배워보기

เฉย	츠ㅓ̄-이	가만히 있다, 그냥

เฉย เฉย เฉย เฉย เฉย

เลย	르ㅓ̄-이	전혀, 절대로 (부정어 강조)

เลย เลย เลย เลย เลย

เผย	프ㅓ̌-이	공개하다, 폭로하다

เผย เผย เผย เผย เผย

② 장모음 -ัว우-아 에 종자음이 오면 -ว-의 형태로 변화해요.

초자음		모음		종자음		단어
ส	+	-ัว	+	ย	=	สวย 쑤-아이 아름답다

일상 단어와 함께 배워보기

ขวด	쿠-앗	병

ขวด ขวด ขวด ขวด ขวด

รวม	루-암	합하다, 함께 모으다

รวม รวม รวม รวม รวม

พวก	푸-악	무리, 일당

พวก พวก พวก พวก พวก

ปวด	뿌-앗	아프다, 통증이 있다

ปวด ปวด ปวด ปวด ปวด

คนรวย	콘̄루̄-아이	부자

คนรวย คนรวย คนรวย คนรวย คนรวย

모음 변형 연습 문제

아래의 예시와 같이 한국어로 발음을 적어보세요!

예시

ผล	성과, 결과, 과실	ˇ 폰

จบ	끝나다	
เคยไป	가 본 적이 있다	
เงิน	돈	
สวย	예쁘다, 아름답다	
สวน	공원, 정원	
เค็ม	(맛) 짜다	
เผ็ด	(맛) 맵다	
ชม	보다, 구경하다	
ลม	바람	

เดินทาง	여행하다	
กด	누르다	
เขิน	부끄럽다	
เก็บ	모으다, 정리하다	
อดทน	참다, 견디다	
ปวด	(막연하게) 아프다	
ดวงดาว	별	
เชิญ	권하다, 청하다	
รบกวน	방해하다, 폐를 끼치다	
เด็ดขาด	절대로	
ยกเลิก	취소하다, 폐지하다	

쉬어가기

태국의 교통수단

태국에는 택시, 지하철, 버스 외에도 다양한 교통수단이 있어요!
그럼 각각의 명칭을 한 번 알아볼까요?

BTS **บีทีเอส**

방콕의 지상철로 1999년 12월 5일에 개통되어 쿠콧**คูคต**역부터 케하**เคหะฯ**역까지의 쑤쿰윗 라인과 싸남낄라행찻**สนามกีฬาแห่งชาติ**역부터 방와**บางหว้า**역까지의 씰롬 라인 그리고 크룽톤부리**กรุงธนบุรี**역부터 클렁싼**คลองสาน**까지의 골드라인이 있어요.

MRT **เอ็มอาร์ที**

지상철과 지하철로 구성되어 있으며, 2004년 6월 3일에 개통되어 타프라**ท่าพระ**역부터 락썽**หลักสอง**역까지의 블루 라인과 크렁방파이**คลองบางไผ่**역부터 따오푼**เตาปูน**역까지의 퍼플 라인이 있어요.

버스 **รถเมล์**

태국의 버스는 시외버스와 시내버스가 있어요.
시외버스는 각각의 터미널에서 탈 수 있고, 시내버스는 에어컨이 없는 버스와 에어컨이 있는 버스가 따로 있으며, 보통 대로변을 따라 운행되기 때문에 대로변으로 나가서 승차해야 해요

뚝뚝 **ตุ๊ก ๆ**

방콕의 대표적인 관광상품이라고 봐도 무방하지 않은 뚝뚝은 택시이긴 하지만 미터 요금제가 아니므로 기사와 요금을 흥정해야 해요.

택시 แท็กซี่

택시 기본요금은 차량 종류에 따라 35바트 또는 40바트에서 시작하며 3바트씩 올라가요. 택시를 타면 반드시 미터를 사용하는지 확인하고 이용해야 해요!
이때, 우리가 꼭! 써야할 말이 있어요.

เปิดมิเตอร์ให้หน่อยค่ะ/ครับ

쁘ㅓ-ㅅ미뜨ㅓ-하이너-이카/크랍

바로! '미터 켜 주세요'예요!
잘 외워 뒀다가 태국에서 택시탈 때 쓰면 좋겠죠?

썽태우 สองแถว

의자를 양쪽으로 길게 두줄로 놓았다고 해서 **สอง**써ˇ-ㅇ(2) **แถว**태ˇ-우(줄)이라고 부르며, 시내버스가 없는 지방에서는 버스 대용으로 사용돼요. 마을 버스와 같은 용도로 사용되며, 요금은 보통 2바트에서 30바트 정도까지이나 각 지역별, 구간별로 차이가 나요.

롯뚜(미니밴) รถตู้

롯뚜는 시외로 이동할 때 자주 사용하는 교통수단으로, 버스터미널에 가서 기다려야 하는 시외버스와는 다르게 자신이 있는 지역 근처 정류장 등에서 이용할 수 있다 보니, 현지인들이 많이 이용하는 교통수단이에요.
또한, 여럿이 여행을 떠날 때 빌려서 함께 타고 가기도 해요!

오토바이택시 มอเตอร์ไซค์รับจ้าง

교통체증이 심할 때 주로 이용하는 교통수단으로, 타기 전에 요금 흥정해야 해요. 보통 가까운 거리는 10바트에서 시작이며 먼 거리는 20~50바트예요.

4장

태국어의 성조

- 태국어는 **평성, 1성, 2성, 3성, 4성 총 5개의 성조**를 가진 언어예요.
  성조는 태국어의 음절을 구성하는 요소이며, 태국어의 모든 음절에는 성조가 존재해요. 또한 낱말의 형태가 같더라도 음의 높이에 따라 뜻이 완전히 달라져요.

- 예를 들어, 한국어로는 같은 카-우여도 2성으로 발음하는 **ข้าว**카-우는 '밥'이 되고, 4성으로 발음하는 **ขาว**카-우는 '하얗다'라는 의미가 되며, 1성으로 **ข่าว**카-우라고 하면 '소식, 뉴스'라는 단어가 돼요.

- 이처럼 성조에 따라 단어의 의미가 완전히 달라지기 때문에 **각 단어를 발음할 때, 성조를 올바르게 발음 해줘야 한다는 점!**
  절대 잊으면 안 되겠죠?

태국어의 성조

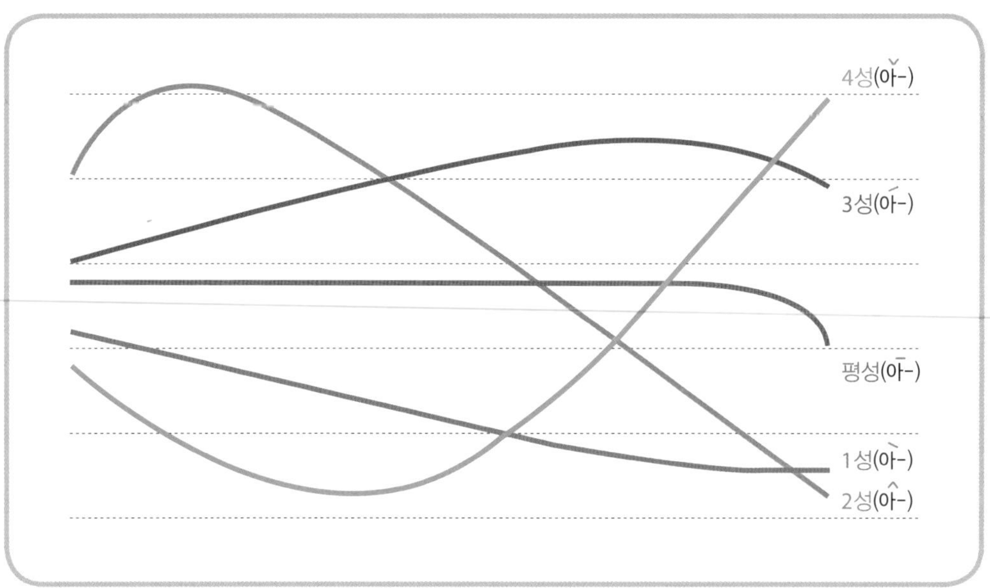

평성	กา 까̄-	평소 자신이 발음하는 톤보다 약간 높게 발음해서 유지
1성	ก่า 까̀-	평소 자신이 발음하는 톤보다 약간 낮게 시작해서 더 낮게 떨어뜨리기
2성	ก้า 까̂-	평소 자신이 발음하는 톤보다 높은 음, 즉 가장 높은 음으로 시작해서 톤을 더 올렸다가 떨어뜨리기
3성	ก๊า 까́-	평소 자신이 발음하는 톤보다 높은 음, 평성과 비슷하지만 살짝 더 높은 음에서 시작해서 톤을 더 올리기
4성	ก๋า 까̌-	평소 자신이 발음하는 톤보다 낮은 음, 즉 가장 낮은 음에서 시작해서 톤을 더 낮게 떨어뜨렸다가 반등하여 다시 올리기

태국어의 성조는 성조 부호를 사용하여 성조 표시를 나타내는 유형 성조법과 성조 표시가 나타나지 않는 무형성조법으로 나눌 수 있어요. 우리는 상대적으로 조금 더 쉬운 유형성조법을 먼저 공부하고 무형성조법을 공부할 거예요! 그럼 태국어의 성조에 대해 본격적으로 공부하러 함께 떠나볼까요?

❶ 유형성조법

유형 성조는 성조 부호를 사용해서 성조를 나타내요. 성조 부호가 따로 없는 평성을 제외하고 성조 부호는 아래와 같아요.

1성	2성	3성	4성
◌่	◌้	◌๊	◌๋
ไม้เอก 마이에-ㄱ	ไม้โท 마이토-	ไม้ตรี 마이뜨리-	ไม้จัตวา 마이짯따와-

— 성조 부호가 사용되는 음절의 성조는 초자음에 따라 다르게 나타나기 때문에 부호를 읽기 전에 초자음이 중, 고, 저자음 중 무엇인지 먼저 파악하는 게 제일 중요해요!

— 성조 부호는 보통 초자음의 오른쪽 위에 위치해요.

— 모음이 초자음 위에 위치하는 경우에는 성조가 모음 위에 위치해요.

1. 중자음의 유형성조

중자음은 1, 2, 3, 4**성 부호 모두 결합**할 수 있고, **부호 그대로 성조를 발음**해요. 즉, 1성 부호는 1성으로, 2성이면 2성, 3성이면 3성, 4성이면 4성 그대로 발음하면 돼요!

성조 부호	단어	읽기	뜻
◌่	ไก่	까̀이	닭
	อ่าน	아̀-ㄴ	읽다
◌้	บ้าน	바̂-ㄴ	집
	ได้	다̂이	가능하다, 된다
◌๊	โต๊ะ	또́	상, 테이블
	โจ๊ก	쪼́-ㄱ	(광저우식) 죽

◌๊	ตั๋ว	뚜̌-아	표, 티켓
	เดี๋ยว	디-아̌우	잠시, 곧

2. 고자음의 유형성조

고자음은 1, 2**성 부호만 결합**할 수 있어요. 이때 중자음과 마찬가지로 **성조 부호가 나타내는 성조를 그대로 따라 발음**하면 돼요!

성조 부호	단어	읽기	뜻
◌่	ไข่	카̀이	알, 계란
	ถั่ว	투̀-아	콩
◌้	ถ้า	타̂-	만약, 만일 ~한다면
	ห้า	하̂-	숫자 '5'

3. 저자음의 유형성조

저자음은 1, 2**성 부호만 결합**할 수 있어요. 이때, 중, 고자음과는 다르게 **성조 부호가 나타낸 성조에** 1**을 더한 성조로 발음**해요. 즉, 1성 부호가 있다면 2성으로, 2성이면 3성으로 발음하면 돼요!

성조 부호	단어	읽기	뜻
◌่	แม่	매̂-	모친, 어머니
	พ่อ	퍼̂-	부친, 아버지
◌้	ร้าน	라́-ㄴ	가게
	ช้าง	차́-ㅇ	코끼리

단어와 함께하는 유형성조 연습

아래의 예시와 같이 한국어로 발음을 적어보세요!

예시

เสื้อผ้า	옷, 상의	쓰^-아파^-

เก้าอี้	의자	
ห้องน้ำ	화장실	
อ๋อ	(감탄사) 아, 아하	
ไก่ย่าง	까이양 (닭고기 구이)	
พี่	손윗사람을 부르는 호칭	
น้อง	동생	
พ่อแม่	부모	
แม่น้ำ	강	
ม้า	(동물) 말	

ซื้อ	사다, 구입하다	
ป้าย	간판, 버스 정류장	
ห้าม	금지하다	
สี่	숫자 '4'	
ง่าย	쉽다	
อุ๊ย	(감탄사) 어머	
ข้าว	밥, 쌀	
ถ่าย	촬영하다	
ข่าว	소식, 뉴스	
บ้าน	집	
แจ้ง	알리다	

❷ 무형성조법

무형성조는 성조부호의 사용 없이 음절 자체에 내재되어 있는 성조를 의미해요. 무형성조는 **초자음의 종류와 모음의 길이, 종자음의 유무 및 종류 등 다양한 조건의 의해 결정**돼요. 태국어의 음절은 생음과 사음 두가지로 구분되는데 이는 아래와 같아요!

구분		
생음	장모음, 또는 종자음이 ㄴ,ㄹ,ㅇ,ㅁ (노란양말) 즉, 부드러운 음으로 끝나 열린 느낌을 주는 음절	
	ㅇ	ง
	ㅁ	ม
	ㄴ	น ญ ณ ร ล ฬ
	이(y)	ย
	우(w)	ว
사음	단모음, 또는 종자음이 ㄱ,ㅅ,ㅂ 등 딱딱한 음으로 끝나 닫힌 느낌을 주는 음절	
	ㄱ	ก ข ค ฆ
	ㅅ	จ ช ซ ฎ ฏ ฐ ฑ ฒ ด ต ถ ท ธ ศ ษ ส
	ㅂ	บ ป พ ฟ ภ

태국어의 성조를 파악하는 데에 있어 **초자음의 분류와 함께 가장 중요한 개념은 음절이 생음인지, 사음인지를 파악**하는 거예요. 꼭 기억해야겠죠?

마지막으로, 우리가 무형성조를 만났을 때, 고려해야 할 요소는 다음과 같아요.

1) 초자음이 고자음, 중자음, 저자음 중 어떤 자음인가?
2) 종자음이 있다면, 생음(ㄴ,ㄹ,ㅇ,ㅁ)인가? 사음(ㄱ,ㅅ,ㅂ)인가?
3) 종자음이 없다면, 모음이 장모음(생음)인가, 단모음(사음)인가?
4) 초자음이 저자음이고 종자음이 사음인 경우, 모음이 장모음인가, 단모음인가?
5) 발음의 예외에 해당하는가?

그럼 본격적으로 함께 무형성조를 공부하러 떠나볼까요?

1. 중자음의 무형성조(초자음이 중자음일 때)

① 종자음이 생음(ㄴ, ㄹ, ㅇ, ㅁ) → 평성

초자음	모음	종자음	단어
ก	ิ	น	กิน 낀 먹다
중	단모음	생음	평성

초자음	모음	종자음	단어
จ	อ	ง	จอง 쩌-ㅇ 예약하다
중	장모음	생음	평성

② 종자음이 없고 모음이 장모음 → 평성

초자음	모음	종자음	단어
จ	ใ	-	ใจ 짜이 마음
중	장모음	–	평성

초자음	모음	종자음	단어
ก	า	-	กา 까- 까마귀
중	장모음	–	평성

③ 종자음이 사음(ㄱ, ㅅ, ㅂ) → 1성

초자음	모음	종자음	단어
จ	อ	ด	จอด 쩌-ㅅ 주차하다
중	장모음	사음	1성

초자음	모음	종자음	단어
ป	ิ	ด	ปิด 삣 닫다
중	단모음	사음	1성

④ 종자음이 없고 모음이 단모음 → 1성

초자음	모음	종자음	단어
ด	ุ	-	ดุ 두̀ 혼내다, 꾸짖다
중	단모음	–	1성

초자음	모음	종자음	단어
จ	ะ	-	จะ 짜̀ 미래형 조동사
중	단모음	–	1성

2. 고자음의 무형성조(초자음이 고자음일 때)

① 종자음이 생음(ㄴ, ㄹ, ㅇ, ㅁ) → 4성

초자음	모음	종자음	단어
ห	ะ	น	หัน 한̌ 향하다
고	단모음	생음	4성

초자음	모음	종자음	단어
ส	ู	ง	สูง 쑤̌-ㅇ 높다, 키가 크다
고	장모음	생음	4성

② 종자음이 없고 모음이 장모음 → 4성

초자음	모음	종자음	단어
ห	า	-	หา 하̌- 찾다
고	장모음	–	4성

초자음	모음	종자음	단어
ข	า	-	ขา 카̌- 다리
고	장모음	–	4성

③ 종자음이 사음(ㄱ,ㅅ,ㅂ) → 1성

초자음	모음	종자음	단어
ฝ	า	ก	ฝาก f ㅏ-ㄱ 맡기다
고	장모음	사음	1성

초자음	모음	종자음	단어
ส	◌ิ	บ	สิบ 씹 숫자 '10'
고	단모음	사음	1성

④ 종자음이 없고 모음이 단모음 → 1성

초자음	모음	종자음	단어
ส	◌ิ	-	สิ 씨 명령 어조사
고	단모음	–	1성

초자음	모음	종자음	단어
ถ	เ-อะ	-	เถอะ 트ㅓ 권유 어조사
고	단모음	–	1성

3. 저자음의 무형성조(초자음이 저자음일 때)

① 종자음이 생음(ㄴ,ㄹ,ㅇ,ㅁ) → 평성

초자음	모음	종자음	단어
ย	โ	น	โยน 요-ㄴ 던지다
저	장모음	생음	평성

초자음	모음	종자음	단어
ค	◌ุ	ย	คุย 쿠이 대화하다
저	단모음	생음	평성

② 종자음이 없고 모음이 장모음 → 평성

초자음	모음	종자음	단어
ร	อ	-	รอ 러- 기다리다
저	장모음	–	평성

초자음	모음	종자음	단어
ย	า	-	ยา 야- 약
저	장모음	–	평성

③ 종자음이 없고 모음이 단모음 → 3성

초자음	모음	종자음	단어
ย	เ-อะ	-	เยอะ 으ㅓ 많다
저	단모음	–	3성

초자음	모음	종자음	단어
น	ะ	-	นะ 나 애원, 동의 어조사
저	단모음	–	3성

④ 종자음이 사음(ㄱ,ㅅ,ㅂ)이고 모음이 장모음 → 2성

⑤ 종자음이 사음(ㄱ,ㅅ,ㅂ)이고 모음이 단모음 → 3성

초자음	모음	종자음	단어
ร	เ◌ีย	ก	เรียก 리-악 부르다
저	장모음	사음	**2성

초자음	모음	종자음	단어
น	ะ	ด	นัด 낫 약속하다
저	단모음	사음	**3성

지금까지 살펴본 무형성조 규칙을 표로 보면 다음과 같아요.

	생음	사음	
중	평성	1성	
고	4성	1성	
저	평성	장모음 2성	단모음 3성

	생음	사음	
중	0	1	
고	4	1	
저	0	2	3

위의 표를 머릿속에 잘 넣어두고 여러 단어들을 반복해서 계산해보면서 성조 규칙을 암기하는 게 제일 중요해요!

여기서 잠깐!

우리 성조도 다 배웠으니, 한 문장만 함께 공부해보고 갈까요?

ดิฉัน/ผมชอบเมืองไทยมาก จึงเรียนภาษาไทยค่ะ/ครับ

저는 태국을 매우 좋아해서 태국어를 공부합니다.

ดิฉัน/ผม	ชอบ	เมืองไทย	มาก	จึง	เรียน	ภาษาไทย	ค่ะ/ครับ
디찬/폼	처-ㅂ	므-앙타이	마-ㄱ	쯩	리-안	파-싸-타이	카/크랍
저	~을 좋아하다	태국	매우, 많이	그래서	공부하다, 배우다	태국어	존댓말 표현

1) **ดิฉัน/ผม**은 태국어에서 '저'라는 1인칭 대명사예요. 이때 여성이면 **ดิฉัน**, 남성이면 **ผม**을 사용해주면 돼요.
2) **ชอบ**은 '~을 좋아하다'라는 의미의 동사예요.
3) **มาก**은 동사 뒤에 붙어서 '매우, 많이'라는 의미의 수식사가 돼요.
4) **จึง**은 두 문장을 연결해주는 접속사로, 뒷문장 주어 뒤에 붙어 '그래서, 그러므로'라는 의미를 나타내요.
5) **เรียน**은 '~을 공부하다, 배우다'라는 의미의 동사예요.
6) **ภาษาไทย**은 '태국어'라는 의미의 명사예요.
7) **ค่ะ/ครับ**은 문장의 끝에 붙어 존댓말을 만들어 주는 표현으로, 이때, 여성이면 **ค่ะ**, 남성이면 **ครับ**을 사용하면 돼요!

단어와 함께하는 무형성조 연습

아래의 예시와 같이 한국어로 발음을 적어보세요!

예시

เสื้อผ้า	옷, 상의	쓰̂-아파̂-

หิว	배고프다	
อากาศ	날씨	
ถาม	질문하다, 물어보다	
บอก	말하다, 고하다	
ราคา	가격	
คิด	생각하다	
พูด	말하다	
พา	동반하다, 이끌다	
ไป	가다	

รถติด	차가 막히다	
ชอบ	~을 좋아하다	
หวย	복권	
รีบ	서두르다	
เลือก	선택하다	
เป็น	~이다	
ขาว	하얗다	
ผม	(남성용 일인칭 대명사) 나, 저	
จาน	접시	
ปากกา	펜	
นอน	눕다, 자다	

아래의 예시와 같이 한국어로 발음을 적어보세요!

예시

เสื้อผ้า	옷, 상의	쓰̂-아파̂-

อะไร	무엇	
เมื่อไร	언제	
ทำไม	왜	
เท่าไร	얼마	
กี่โมง	몇 시	
น้องสาว	여동생	
เจ้าของ	주인	
กาแฟเย็น	냉커피	
ภาษา	언어	

ไปเที่ยว	놀러 가다	
ให้	수다	
เมา	취하다	
ส้ม	오렌지	
แตงโม	수박	
มะม่วง	망고	
ทุเรียน	두리안	
สีดำ	검은색	
สีแดง	빨간색	
สีเขียว	초록색	
สีชมพู	분홍색	

성조 연습 문제 ②

아래의 예시와 같이 한국어로 발음을 적어보세요!

예시

เสื้อผ้า	옷, 상의	쓰̂-아파̂-

ขึ้น	올라가다, 타다	
ลง	내려가다, 내리다	
สูง	높다, 키가 크다	
เตี้ย	낮다, 키가 작다	
ยาว	길다	
สั้น	짧다	
มาก	많다, 많이	
น้อย	적다, 작다	
แต่	그러나	

และ	그리고	
วัน	일, 날 (day)	
เดือน	월, 달 (month)	
ปี	해, 년 (year)	
นม	우유	
เจ็บ	(자극으로 인해) 아프다	
ก๋วยเตี๋ยว	쌀국수	
โน่น	저것	
ที่นี่	이 곳, 여기	
อิ่ม	배부르다	
ว่าง	비다, 한가하다	

성조 연습 문제 ③

아래의 예시와 같이 한국어로 발음을 적어보세요!

예시

เสื้อผ้า	옷, 상의	쓰^-아파^-

ถึง	도착하다	
เก่ง	잘, 잘하다	
น้ำแข็ง	얼음	
แล้ว	이미 ~했다	
โลก	세계, 지구	
หัวเราะ	웃다	
ยิ้ม	미소짓다	
รถไฟ	기차	
นักร้อง	가수	

ช่อง	채널	
จ่าย	지불하다	
เงิน	돈	
แพ้	지다, 패하다	
ดินสอ	연필	
ปวด	(막연하게) 아프다	
แว่นตา	안경	
นาฬิกา	시계	
รองเท้า	신발	
กางเกง	바지	
ถุง	봉투, 봉지	

쉬어가기

태국의 음식 관련 단어

태국은 다양한 식문화가 존재하는 나라예요. 이러한 태국의 음식들을 200퍼센트 더 잘 즐기기 위해 이번에는 태국의 음식 관련 단어들을 공부해 볼 거예요.

먼저 식당에서 쓸 수 있는 표현들 몇 가지부터 배우고 가볼까요?

여기요!	**พี่คะ/ครับ**	(나이가 많으면) 피-카/크랍
	น้องคะ/ครับ	(나이가 어리면) 너-ㅇ카/크랍
○○ 좀 주세요.	**ขอ ○○ หน่อยค่ะ/ครับ**	커-○○너-이카/크랍
메뉴 좀 주세요.	**ขอเมนูหน่อยค่ะ/ครับ**	커-메-누-너-이카/크랍
물 좀 주세요.	**ขอน้ำเปล่าหน่อยค่ะ/ครับ**	커-남쁠라오너-이카/크랍
얼음 좀 주세요.	**ขอน้ำแข็งหน่อยค่ะ/ครับ**	커-남캥너-이카/크랍
계산서 좀 주세요.	**ขอบิลหน่อยค่ะ/ครับ**	커-빈너-이카/크랍
계산 해 주세요.	**เช็คบิลค่ะ/ครับ**	첵빈카/크랍
봉지에 좀 넣어 주세요.	**ใส่ถุงหน่อยค่ะ/ครับ**	싸이퉁너-이카/크랍
포장해 주세요.	**ขอห่อกลับบ้านค่ะ/ครับ**	커-허-끌랍바-ㄴ카/크랍
고수 넣지 마세요.	**ไม่ใส่ผักชีค่ะ/ครับ**	마이싸이팍치-카/크랍
너무 맛있어요.	**อร่อยมากค่ะ/ครับ**	아러-이마-ㄱ카/크랍

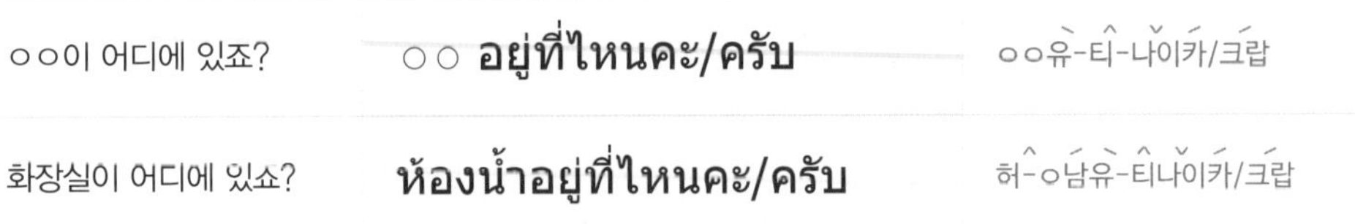

ㅇㅇ이 어디에 있죠?	ㅇㅇ อยู่ที่ไหนคะ/ครับ	ㅇㅇ유-티-나이카/크랍
화장실이 어디에 있죠?	ห้องน้ำอยู่ที่ไหนคะ/ครับ	허-ㅇ남유-티나이카/크랍

이 표현들만 다 외우면 식당에서 주문은 문제 없겠죠?

다음은 재료와 조리법 단어들을 공부해볼 거예요.
태국 음식들은 재료와 조리법이 음식 이름에 그대로 쓰여져 있는 경우가 많아서,
이름만 봐도 대강 어떤 요리인지 유추할 수 있어요!

1 식재료

밥	ข้าว 카-우	채소	ผัก 팍
흰쌀밥	ข้าวสวย 카-우쑤-아이	고수	ผักชี 팍치-
찰쌀밥	ข้าวเหนียว 카-우니-아우	오이	แตงกวา 때-ㅇ꽈-
닭	ไก่ 까이	양파	หัวหอม 후-아허-ㅁ
달걀	ไข่ 카이	두부	เต้าหู้ 따오후-
돼지	หมู 무-	라임	มะนาว 마나-우
소	เนื้อ 느-아	당면	วุ้นเส้น 운쎄-ㄴ
곱창	ไส้ 싸이	마늘	กระเทียม 끄라티-얌
새우	กุ้ง 꿍	설탕	น้ำตาล 남따-ㄴ
게	ปู 뿌-	소금	เกลือ 끌르-아
생선	ปลา 쁠라-	후추	พริกไทย 프릭타이

오징어	**ปลาหมึก** 쁠라-믁	간장	**ซีอิ๊ว** 씨-이우
조개	**หอย** 허-이	어간장	**น้ำปลา** 남쁠라-
해조류 (김, 미역 등)	**สาหร่าย** 싸-라-이	달걀 프라이	**ไข่ดาว** 카이다-우
해산물	**อาหารทะเล** 아-하-ㄴ탈레-	오믈렛	**ไข่เจียว** 카이찌-아우

2 조리 방법

볶은 음식 (기름으로) 야채나 고기를 볶다	**ผัด** 팟
끓인 것, 끓이다	**ต้ม** 똠
찧다, 절구에 찧어 만든 음식	**ตำ** 땀
야채를 중심으로 여러가지 것을 섞은 요리 이름, 무치다	**ยำ** 얌
튀기다	**ทอด** 터-ㅅ
굽다	**ย่าง** 야-ㅇ
굽다	**ปิ้ง** 삥
잘게 다지다	**สับ** 쌉
수프, 수프로 만들다	**แกง** 깨-ㅇ

3 맛 표현

맵다	**เผ็ด** 펫	시다	**เปรี้ยว** 쁘리-아우
짜다	**เค็ม** 켐	기름지다	**มัน** 만

싱겁다	**จืด** 쯔-ㅅ	느끼하다	**เลี่ยน** 리-안
달다	**หวาน** 와-ㄴ		

그럼 우리 함께 몇 가지 태국 음식의 이름을 보면서 어떤 요리일지 유추해볼까요?

ต้มยำกุ้ง 똠얌꿍

ต้ม똠 끓이다 + **ยำ**얌 무치다 + **กุ้ง**꿍 새우

새우와 여러가지 재료를 섞어서 끓인 음식

ข้าวผัด 카-우팟

ข้าว 카-우 밥 + **ผัด** 팟 볶다

태국식 볶음밥을 의미합니다. 볶음밥에 들어가는 부가적 재료에 따라 여러가지 종류가 있으며 명칭은 [카우팟 + 부가 재료]로 표현해요.

예 **ข้าวผัดกุ้ง** 카-우팟꿍 새우볶음밥

แกงจืด 깨-ㅇ쯔-ㅅ

แกง 깨-ㅇ 국 + **จืด** 쯔-ㅅ 싱겁다

'싱거운 국'이라는 뜻으로, 맑은 국물 음식을 의미합니다.

ไก่ทอด 까이터-ㅅ

ไก่ 까이 닭 + **ทอด** 터-ㅅ 튀기다

닭을 튀겨 만든 음식이라는 의미입니다.

5장

복합자음

- 복합자음이란 **모음 하나에 초자음이 2개 연속되어 존재**하는 경우를 의미하며, 단순하게 **이중자음**이라고 봐도 돼요.
  복합자음은 선도자음, 진성복합자음, 가성복합자음으로 나뉘어져요.
- 선도자음이란 '이끌어주는 자음이 앞에 있는 자음'이라는 뜻이에요.
  앞에서 이끌어주는 자음을 붙여주면서 뒷자음이 다른 성조 규칙을 따를 수 있게 만들어요.
- 진성복합자음이란 모음 하나에 두 개의 초자음이 붙은 형태예요.
  두 초자음이 하나의 모음에 같이 쓰이면서 모두 소리를 내기 때문에 '진짜 소리가 난다'라는 의미로 진성복합자음이라고 불러요.
- 가성복합자음이란 모음 하나에 두 개의 초자음이 있는 형태지만, 두 초자음이 전혀 다른 소리로 발음되거나 한 개의 자음만 발음하기 때문에 '가짜 소리가 난다'라는 의미로 가성복합자음이라고 불러요.

❶ 선도자음

홀음자음은 짝음자음과 달리 5개의 성조를 만들 수 없어요. 그래서 홀음자음 앞에 ห과 อ을 붙여 각각 고자음과 중자음 성조로 만들어주는 역할을 해요. 여기서 홀음자음이란 고자음에 짝을 이루는 음가가 없이 **독립적인 음가를 가지고 있는 저자음**을 의미해요.
ㄴ,ㄹ,ㅇ,ㅁ **소리** 10**자**가 있어요. [노란양말]이라고 생각하면 외우기 쉬워요 :)

ㄴ	น ณ
ㄹ	ร ล ฬ
ㅇ	ง ญ ย ว
ㅁ	ม

ห + 홀음자음

ห이 홀음자음 앞에 있으면, ห은 발음하지 않고, 고자음 성조 규칙을 따라주면 돼요.

단어	선도자음	초자음	모음	종자음	발음 및 성조
มา	–	ม	า	–	마̄-
	–	저자음	장모음	–	평성
หมา	ห	ม	า	–	마̌-
	고자음	저자음	장모음	–	4성

위와 같이, **มา**와 **หมา**는 둘다 마-라고 읽지만, **มา**는 저자음 + 장모음 = 평성으로 발음, **หมา**는 똑같이 마-라고 읽지만 **ห**이 앞에서 고자음으로 바꿔주기 때문에, 고자음 + 장모음 = 4성으로 발음하며, **มา**[마-]는 **'오다'**라는 뜻이 되고, **หมา**[마ˇ-]는 **'개'**라는 뜻이 돼요.

그럼 함께 예시 단어들을 살펴볼까요?

단어	발음	뜻
หนาว	나ˇ-우	춥다, 냉랭하다
หยุด	윳	멈추다, 정지하다, 그치다, 쉬다
ใหญ่	야이	크다, 주요하다

같이 한 번 연습해볼까요?

หนี	도망가다	니ˇ-
กะหรี่	카레	
เหมือน	같다, 똑같다	
หวาน	달다, 달콤하다	

อ + 홀음자음 ย

อ이 홀음자음인 ย 앞에 있으면, อ은 발음하지 않고, 중자음 성조 규칙을 **따르면 돼요.**

단어	선도자음	초자음	모음	종사음	발음 및 성조
ยาก	–	ย	า	ก	야^-ㄱ
	–	저자음	장모음	사음	2성
อยาก	อ	ย	า	ก	야`-ㄱ
	중자음	저자음	장모음	사음	1성

위와 같이, **ยาก**과 **อยาก**은 둘다 야-ㄱ이라고 읽지만, **ยาก**은 저자음 + 장모음 + 사음 = 2성으로 발음, **อยาก**은 똑같이 야-ㄱ이라고 읽지만 **อ**이 앞에서 중자음으로 바꿔주기 때문에, 중자음 + (장모음) + 사음 = 1성으로 발음하게 되며, **ยาก**[야^-ㄱ]은 **'어렵다'**라는 뜻이되고, **อยาก**[야`-ㄱ]**은 조동사로 '-하고 싶다'**라는 뜻이 돼요. **ไม่ยากใช่ไหม**마이야-ㄱ차이마이 (=어렵지 않죠?)

그럼 또 함께 예시 단어들을 살펴볼까요?

단어	발음	뜻
อย่าง	야`-ㅇ	종류, ~처럼
อยู่	유`-	있다, 살다, 존재하다
อย่า	야`-	~하지 마, ~하지 마시오

같이 한 번 연습해볼까요?

อย่า	~하지 마, ~하지마시오	야-
อย่างไร	어떻게	
ที่อยู่	주소	
อย่าหาทำ	굳이 쓸데없는 일을 하지 마라	

요즘 태국 친구들이 많이 쓰는 표현 배우기!

อย่าหาทำ [야-하-탐] 입니다.

อย่าหาทำ은 '(굳이 할 필요가 없는 행동을) 하지 마라'라는 의미입니다.
각각의 의미를 쪼개보자면, **อย่า**야-는 '~하지 마라', **หา**하-는 '찾다', **ทำ**탐은 '하다' 라는 뜻으로,
'굳이 귀찮을 일을 찾아서 하지 마'라는 의미가 됩니다.
예를 들어, 이런 상황에서 쓸 수 있어요!

ร้อนแบบนี้ จะไปวิ่งเหรอ อย่าหาทำ!

러-ㄴ배-ㅂ니- 짜빠이윙르ㅓ- 야-하-탐

이렇게 더운데, 뛰어가겠다고? 하지 마!

만약 태국 친구가 힘들고 귀찮은 일을 굳이 하려고 한다?
그러면 옆에서 **อย่าหาทำ**이라고 말해 주면 돼요!

고자음/중자음 + 홀음자음

고자음/중자음 + 홀음자음 형태로 초자음 2개가 연속될 때에는 **첫 번째 자음의 성조 규칙을 따르도록 하며, 이때 첫 번째 자음에 -ะ가 생략된 것으로 보고, 앞, 뒤 각 자음의 성조는 따로 계산**해요. **다만 두 번째 자음이 첫 번째 자음의 성조 규칙을 따라간다**는 점 꼭 기억해줘야 해요!

단어	읽기	뜻
สนามบิน	싸나-ㅁ빈	공항
จมูก	짜무-ㄱ	(신체) 코
ถนน	타논	길, 도로
อร่อย	아러-이	맛있다

같이 한 번 연습해볼까요?

หนี	도망가다	니-
ตลาด	시장	
ขนาด	크기, 정도	
สนิท	친하다	

❷ 진성복합자음

진성복합자음 또한 모음 하나에 두 개의 초자음이 있는 형태로, 선도자음과는 다르게 두 초자음 모두 소리를 내기 때문에 '진짜 소리가 난다'라는 의미로 진성복합자음이라고 불러요. 주로 첫 번째 자음에 모음 '으'를 붙여 짧게 발음하며, 이때 음절은 두 개가 아닌 하나로 간주되기 때문에 성조 또한 하나의 성조를 갖게 돼요. **ร**, **ล**, **ว**와 결합한 형태로, 총 20개의 복합자음이 있어요.

중자음의 진성복합자음	กร- กล- กว- ดร- ตร- บร- บล- ปร- ปล
고자음의 진성복합자음	ขร- ขล- ขว-
저자음의 진성복합자음	คร- คล- คว- ทร- พร- พล- ฟร- ฟล-

*색깔 표시된 부분은 외래어 차용어에서만 나타남

단어와 함께 보는 중자음의 진성복합자음

복합자음	단어	읽기	뜻	직접 써보기
กร-	กระเป๋า	끄라빠오	가방	
กล-	กลาง	끌라-ㅇ	가운데	
กว-	กว่า	꽈-	~보다(비교급)	
ดร-	ดรากอน	드라꺼-ㄴ	드래곤 (용)	
ตร-	ตรง	뜨롱	바로, 곧장	
บร-	บรอกโคลี่	브럭콜-리-	브로콜리	

บล-	บล็อก	블럭	블로그	
ปร-	ประเทศ	쁘라테-ㅅ	나라, 국가	
ปล-	ปลา	쁠라-	물고기, 생선	

단어와 함께 보는 고자음의 진성복합자음

복합자음	단어	읽기	뜻	직접 써보기
ขร-	ขรุขระ	크루크라	울퉁불퉁하다	
ขล-	ขลาด	클라-ㅅ	소심하다	
ขว-	ขวา	콰-	오른쪽의	

단어와 함께 보는 저자음의 진성복합자음

복합자음	단어	읽기	뜻	직접 써보기
คร-	ครอบครัว	크러-ㅂ크루-아	가족	
คล-	คลิป	클립	클립, 오려낸 것	
คว-	ควาย	콰-이	물소	
ทร-	ทรอมโบน	트러-ㅁ보-ㄴ	(악기) 트럼본	
พร-	พระ	프라	불상, 승려	

พล-	พลอย	쁠러-이	보석	
ฟร-	ฟรี	프(f)리-	무료 (Free)	
ฟล-	ฟลามิงโก้	플(f)라밍꼬-	(동물) 플라밍고	

บ 와 ร, ว, ด

บ가 **ร**, **ว**, **ด**과 복합자음으로 만났을 때, 첫 번째 자음 **บ**에 모음 **-อ**가 생략된 것으로 발음해요. 다만 이때 성조는 앞, 뒤 각 자음의 성조를 따로 계산해요.

단어	읽기	뜻
บริษัท	버-리쌋	회사
บริเวณ	버-리웨-ㄴ	지역, 범위, 부근
บริการ	버-리까-ㄴ	서비스, 서비스하다

고자음/중자음 + 고자음, 중자음, 짝음자음 혹은 저자음 + 저자음

이 때는 첫 번째 자음이 두 번째 자음 성조에 영향을 주지 않으므로, **각각 따로 계산**해줘야 해요.

단어	읽기	뜻
แสดง	싸대-ㅇ	표현하다, 나타내다
ทหาร	타하-ㄴ	군인
สบาย	싸바-이	평안하다, 편하다

❸ 가성복합자음

가성복합자음 또한 모음 하나에 두 개의 초자음이 있는 형태예요.
그러나 두 초자음이 전혀 다른 소리로 발음이 되거나 한 개의 자음만 발음하기 때문에 '가짜 소리가 난다'라는 의미로 가성복합자음이라고 불러요.

ท + ร = ซ

ท와 ร가 복합자음으로 하나의 모음 앞에 오면 ซ로 발음하며, 저자음의 성조 규칙을 적용해요. 그러나 영어 차용어의 경우는 보통 두 개 자음 모두 각각 발음합니다.

단어	읽기	뜻
ทราบ	싸̂-ㅂ	'알다'의 공손 표현
ทราย	싸̄-이	모래
ทรง	쏭̄	체격, 몸집, 모습
ทรอมโบน	트러̄-ㅁ보̄-ㄴ	(악기) 트럼본 * 영어 차용어이기 때문에 둘 다 발음해줘요.

ซ, ส, ศ + ร

ร는 묵음이 되며, 첫 번째 자음의 성조 규칙을 따라 발음해요.

단어	읽기	뜻
เศร้า	싸̂오	슬프다
สร้าง	싸̂-ㅇ	세우다, 건설하다
เสร็จ	쎗̀	끝내다
สระ	싸̀	연못

여기서 잠깐!

이 외에도 예외적인 단어로 **จริง**찡이 있어요.
이때 **ร**는 묵음이 되며, 첫 번째 자음인 **จ**의 성조 규칙을 따라 발음해요. **จริง**은 '진짜이다, 사실이다'를 의미하는데요. 두 번 발음하여 찡찡이라고 하면, '사실은~' 또는 '사실'이란 뜻이 돼요.
의문문을 만들어주는 의문조사인 **หรอ**러-와 함께 사용하여
จริงหรอ찡러-라고 하면 '진짜야?, 정말이야?'라는 표현이 됩니다.
대화할 때, 자주 쓰는 표현이니 잘 기억해두고 태국인 친구들과 함께 대화할 때 써주면 너무 좋겠죠?

복합자음 연습 문제 ①

아래의 예시와 같이 한국어로 발음을 적어보세요!

예시

กล้วย	바나나	끌루^-아이

กระโปรง	치마	
อย่าลืม	잊지 마라	
เหล้า	술	
กลัว	무서워하다	
เปลี่ยน	변하다, 바꾸다	
เหนื่อย	피곤하다	
แผล	상처	
ตรวจ	검사하다	
เพลง	노래	

กว้าง	넓다	
ไหม	의문조사*	
ใหม่	새롭다, 새로운	
ไกล	멀다	
ใกล้	가깝다	
พริก	(식물) 고추, 후추	
หนึ่ง	숫자 '1'	
ปลูก	심다, 재배하다	
เปรี้ยว	(맛) 시다, 시큼하다	
ครู	선생님	
ขรึม	엄숙하다	

* **ไหม**는 태국어의 의문조사로 문장에 끝에 붙여서 질문을 만들어주는 단어예요. 예를 들어, 태국어로 '배고프다'라는 단어 **หิว**히우에 붙여서, **หิวไหม**히우마이 즉, '배고파?'라는 질문을 만들 수 있어요.

복합자음 연습 문제 ②

아래의 예시와 같이 한국어로 발음을 적어보세요!

예시

กล้วย	바나나	끌루^-아이

หมวก	모자	
เตรียม	준비하다	
แปล	번역하다, 해석하다	
แปลก	이상하다	
หนัง	영화, 가죽	
ผลัก	밀다	
ใคร	누구	
คลอง	운하	
สภาพ	정황, 상태	

สถานี	역	
ไหน	어느, 어디	
หนู	쥐	
พระเอก	남자 주인공	
เครื่อง	기계	
อนาคต	미래	
น้ำหนัก	무게	
ขนม	과자	
เกาหลี	한국	
หมู	돼지	
ผู้หญิง	여자, 여성	

복합자음 연습 문제 ③

아래의 예시와 같이 한국어로 발음을 적어보세요!

예시

กล้วย	바나나	끌루-아이

ผู้ใหญ่	어른	
ความเร็ว	속도	
เพื่อนสนิท	친한 친구	
ตลาด	시장	
ฉลาด	총명하다, 똑똑하다	
มหา	큰, 위대한	
กรอบ	바삭바삭하다	
แปรงฟัน	이를 닦다, 칫솔질하다	
วันหยุด	휴일	

ประหยัด	절약하다, 아끼다	
เหล็ก	쇠, 철	
พร้อม	동시에, 준비되다	
หมด	수식사) 전부, 모두 동사) 다하다	
ปลอม	가짜이다, 위조이다	
มด	개미	
อย่างไร	어떻게	
ครีม	크림	
เกรงใจ	사양하다, 어려워하다	
ขวาน	도끼	
ประมาณ	대략, 어림잡다	

태국어의 숫자

태국어의 숫자는 고유 숫자와 아라비아 숫자를 함께 사용해요.

숫자	고유 숫자	읽는 법	숫자	고유 숫자	읽는 법
0	๐	ศูนย์ 쑤-ㄴ	6	๖	หก 혹
1	๑	หนึ่ง 능	7	๗	เจ็ด 쩻
2	๒	สอง 써-ㅇ	8	๘	แปด 빼-ㅅ
3	๓	สาม 싸-ㅁ	9	๙	เก้า 까오
4	๔	สี่ 씨-	10	๑๐	สิบ 씹
5	๕	ห้า 하-			

11-99의 숫자는 아래와 같이 읽어요.

11	สิบเอ็ด 씹엣	100	(หนึ่ง)ร้อย (능)러-이
12	สิบสอง 씹써-ㅇ	1,000	(หนึ่ง)พัน (능)판
13	สิบสาม 씹싸-ㅁ	10,000	(หนึ่ง)หมื่น (능)므-ㄴ
20	ยี่สิบ 이-씹	100,000	(หนึ่ง)แสน (능)쌔-ㄴ
21	ยี่สิบเอ็ด 이-씹엣	1,000,000	(หนึ่ง)ล้าน (능)라-ㄴ
30	สามสิบ 싸-ㅁ씹	10,000,000	สิบล้าน 씹라-ㄴ

50	ห้าสิบ 하-씹	100,000,000	(หนึ่ง)ร้อยล้าน (능)러-이라-ㄴ
99	เก้าสิบเก้า 까오씹까오	1,000,000,000	(หนึ่ง)พันล้าน (능)판라-ㄴ

중요! 10의 자리 숫자 뒤에 오는 1은 **หนึ่ง**능이 아닌 엣으로 읽어주며, 20은 써-ㅇ씹이 아닌 이-씹으로 발음해야 해요!

대화문

A **ฮัลโหล** 여보세요.
한(ㄹ)로-

B **ขอสายคุณพลอยหน่อยครับ** 플러이 씨 좀 바꿔 주세요.
커-싸-이쿤플러-이너-이크랍

A **ตอนนี้ คุณพลอยไม่อยู่ค่ะ** 지금 플러이 씨가 안 계십니다.
떠-ㄴ니- 쿤플러-이마이유-카

B **คุณมีเบอร์โทรคุณพลอยไหมครับ** 당신은 플러이씨 번호를 가지고 있나요?
쿤미-브ㅓ-토-쿤플러-이마이크랍

A **มีค่ะ** 010-4327-7195 **ค่ะ** 있습니다. 010-4327-7195 입니다.
미-카 쑤-ㄴ능쑤-ㄴ 씨-싸-ㅁ써-ㅇ쩻쩻능까오하- 카

B **ขอบคุณครับ** 감사합니다.
커-ㅂ쿤크랍

태국의 화폐 단위

태국의 화폐 단위는 บาท이며 정확한 발음은 바트가 아니라 바-ㅅ이라고 발음해줘야 해요. 자 그럼 아래 단어들을 한 번 같이 읽어볼까요?

2,571 บาท	써-ㅇ판하-러-이쩻씹엣바-ㅅ
136 บาท	(능)러-이싸-ㅁ씹혹바-ㅅ
90,000 บาท	까오므-ㄴ바-ㅅ

6장

기타 기호와 예외규칙

- 여기까지 태국어를 배우며 따라오신 분들! 정말 대단합니다. 이제 태국어의 기타 기호와 예외규칙을 배워볼 거예요.
- 이번 장에서는 **ร**의 특수 모음 역할, 태국어의 기타 부호, 단독으로 사용되는 자음, 특정 구조에서 단모음 **-ะ** 추가에 대해 알아볼 거예요.

조금만 더 힘내서 태국어 기초를 완성해나가요!

เกือบเสร็จแล้ว
สู้ ๆ นะครับ!
거의 다 끝났어요, 파이팅!

❶ ร의 특수 모음 역할

나른 자음과 달리 ร는 음질 안에서 자음으로만 사용되지 않고 모음 또는 특수 모음의 역할을 하는 경우가 있어요.

-รร-	-ะ 아로 발음	กรรม [กัม] 깜 (불교) 업
-รร	-ัน 안으로 발음	บรรเทา [บัน-เทา] 반타오 완화하다, 경감하다, 경감시키다
-ร	-อน 어-ㄴ으로 발음	อักษร [อัก-ษอน] 악써-ㄴ 문자

같이 한 번 연습해볼까요?

กรรม	(불교) 업	깜
อวยพร	축복을 빌다, 덕담하다	
พิธีกร	사회자	
กรรไกร	가위	
บรรทุก	싣다, 적재하다	
ธรรม	선, 도, 법	

② 태국어의 기타 부호

1. 반복 부호 ๆ [ไม้ยมก 마이야목]

단어나 구의 뒤에 반복 부호 ๆ를 붙이면 그 단어나 구를 한번 더 반복해서 읽어 주면 돼요. 이때 장모음이 사용된 단어의 경우 앞부분은 뒷부분보다 조금 더 짧게 발음해야 해요. 또한 만약 셀 수 있는 명사에 반복 부호 ๆ가 붙으면 복수가 되며, 형용사나 부사에 붙으면 의미의 강조를 나타냅니다.

함께 예시를 살펴볼까요?

단어	읽기	뜻	의미 변화
เด็ก ๆ	덱 덱	아이들	เด็ก 아이 → เด็ก ๆ 아이들
มาก ๆ	막 마-ㄱ	많이 많이	มาก 많이 → มาก ๆ 많이 많이
สวย ๆ	쑤아이 쑤-아이	예쁘다(강조)	สวย 예쁘다 → สวย ๆ 예쁘다(강조)
เพื่อน ๆ	프안 프-안	친구들	เพื่อน 친구 → เพื่อน ๆ 친구들

같이 한 번 연습해볼까요?

กรรม	(불교) 업	깜
เร็ว ๆ	빨리 빨리	
ลูก ๆ	자식들	
ดี ๆ	좋다 (강조), 잘	
ช้า ๆ	천천히, 느리게 (강조)	

2. 묵음 부호 ◌์ [ไม้ทัณฑฆาต 마이탄타카-ㅅ]

단어에서 묵음 부호 ◌์ 가 자음 위에 붙어 있으면 그 자음은 발음하지 않으며, 성조 계산 또한 하지 않아도 돼요! 또한 이러한 묵음 부호에 의해 묵음화 되는 자음을 **การันต์** 까-란이라고 불러요.

함께 예시를 살펴볼까요?

단어	읽기	뜻
รถยนต์	롯욘	자동차
เบียร์	비-아	맥주
อาจารย์	아-짜-ㄴ	교수, 교수님
เบอร์	브ㅓ-	번호, 숫자 (**นัมเบอร์** 남브ㅓ- number의 약자)

같이 한 번 연습해볼까요?

กรรม	(불교) 업	깜
วันศุกร์	금요일	
อาทิตย์	태양, 주	
ไซส์	사이즈	
ศูนย์	숫자 '0', 중심, 센터	

3. 생략 부호 ฯ [ไปยานน้อย 빠-이야-ㄴ너-이]

생략 부호 **ฯ**가 사용되면, 긴 명칭의 뒷부분을 생략하고 짧게 명시하였음을 나타내요. 대표적인 예시로는 **กรุงเทพฯ**이 있어요. **กรุงเทพฯ**의 원래 명칭은 **กรุงเทพมหานคร**으로 태국의 수도인 '방콕'을 의미해요. 태국어를 배우는 우리들은 앞으로 '방콕'이 아닌 **กรุงเทพฯ** 끄룽테-ㅂ이라고 불러야겠죠?

 여기서 잠깐!

여러분은 '방콕'의 풀네임이 사실은 엄청나게 길다는 것을 아시나요?

방콕의 풀네임은 아래와 같아요!

กรุงเทพมหานคร อมรรัตนโกสินทร์ มหินทรายุธยา มหาดิลกภพ นพรัตนราชธานีบูรีรมย์ อุดมราชนิเวศน์มหาสถาน อมรพิมานอวตารสถิต สักกะทัตติยวิษณุกรรมประสิทธิ์

끄룽테-ㅂ마하-나커-ㄴ 아몬랏따나꼬-씬 마힌타라-유타야- 마하-딜록폽
노파랏라-ㅅ차타-니-부-리-롬 우돔라-ㅅ차니웻마하-싸타-ㄴ
아머-ㄴ피마-ㄴ아와따-ㄴ싸팃 싹까탓띠야윗싸누깜쁘라씻

엄청 길죠? 방콕의 풀네임은 인도어인 팔리어와 산스크리트어가 복합적으로 사용되었으며, 전체 글자 수만 해도 168자나 돼요!

우리말로 번역하면, '천사의 도시, 위대하고 영원한 도시, 아홉 개의 고귀한 보석을 지닌 장대한 도시, 환생한 신이 다스리는 하늘 위의 땅의 집을 닮은 왕궁으로 가득한 기쁨의 도시, 인드라(Indra)가 내리고 비슈바카르만(Vishvakarman)이 세운 도시'라는 뜻으로 너무 길다 보니, 태국인 중에서도 다 외우는 사람들은 별로 없어요!

❸ 단독으로 사용되는 자음

태국어는 기본적으로 자음과 모음이 함께 있어야만 발음이 가능하지만, 다음의 자음들은 예외예요.

ก็	**ก้อ** 꺼^- : 주어 뒤에 위치해 '~도'라는 의미를 나타내요. 예 **ฉันก็อยากไปเมืองไทย** 찬꺼-야-ㄱ빠이므-앙타이 나도 태국에 가고 싶다.
ณ	**นะ** 나 : 주로 공식적인 상황에서 전치사로 '-에'라는 의미가 되어 장소와 일시를 나타내요. 예 **อยู่ณที่นี่** 유-나티-니- 여기에 있다.

❹ 음절 + 음절의 구조에서 단모음 -ะ 추가

음절과 음절의 구성에서 사이시옷처럼 단모음 **-ะ**가 들어가는 경우가 있어요.
그러나 이 문법은 단어에 따라 다르고, 어원을 알아야 하는 경우가 대부분이기 때문에, 이런 문법이 존재한다는 것을 기억하고 단어를 많이 외우면서 익숙해지는 게 더 좋아요!

그럼 함께 살펴볼까요?

단어	태국어 읽기	발음	뜻
ผลไม้	ผล – ละ – ไม้	폰라마이	과일
สุขภาพ	สุข – ขะ – ภาพ	쑥카파-ㅂ	건강
พัทยา	พัท – ทะ – ยา	팟타야-	파타야

아래의 예시와 같이 한국어로 발음을 적어보세요!

예시

กล้วย	바나나	끌루^-아이

อารมณ์	기분, 감정	
ไอจี	IG (인스타그램)	
เฟสบุ๊ค	페이스북	
ทวิตเตอร์	트위터	
ทุก ๆ วัน	매일	
รถเมล์	버스	
จราจร	교통, 왕래하다	
บรรจุ	채우다, 임용하다	
ค่าธรรมเนียม	수수료	

คำศัพท์	단어	
ธรรมดา	보통, 일반, 평범	
ยูเทิร์น	유턴, 유턴하다	
กีตาร์	(악기) 기타	
กอล์ฟ	골프	
กรรไกร	가위	
สัตว์	동물	
บรรพบุรุษ	선조, 조상, 시조	
จริง ๆ	진짜로, 정말로	
สัปดาห์	주, 일주일	
สู้ ๆ	파이팅	

쉬어가기

태국어 키보드

1 태국어 컴퓨터 자판 알기

① 문자키는 태국어과 영어를 함께 칠 수 있도록 되어 있으며, 태국어는 오른쪽에 영어는 왼쪽에 표기되어 있어요.

② 태국어 키보드는 shift 버튼을 누르면 비교적 많이 쓰이지 않는 자음과 문장 부호 및 기호들을 입력할 수 있어요.

③ 태국어 자판은 컴퓨터와 휴대폰에서 기능키와 숫자키 등을 제외한 문자키 부분은 거의 동일하기 때문에, 둘 중 하나를 외운다면 둘 다 쉽게 사용할 수 있어요.

2 연습해보기

기본 자판

สวย 예쁘다 ส + ว + ย   มาก 많이 ม + า + ก   ไป 가다 ไ + ป

Shift 버튼을 누른 자판

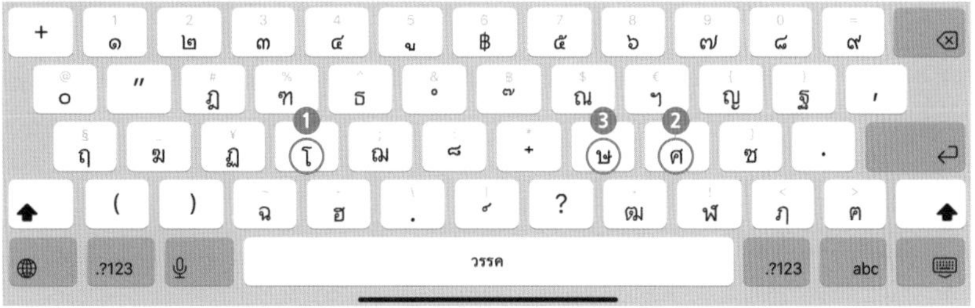

โศษ 마르다, 건조하다 โ + ศ + ษ

태국어 문장의 구조

1. 태국어 기본 문형

태국어의 기본 문형은 SVO 형이에요. 즉 주어-동사-목적어의 순서로 문장이 구성되며, 기본 문형은 대표적으로 3가지 종류로 나눌 수 있어요. 태국어의 문장 종류를 배우기에 앞서 한 가지 꼭 기억해야 할 부분이 있어요. 문장에서 동사가 제일 끝에 오는 한국어와는 다르게 태국어 문장은 기본적으로 동사가 주어 다음에 바로 나온다는 점을 꼭 기억해야 해요!
이제 태국어 문장의 세 가지 종류를 알아볼까요?

1) 주어 + 자동사/상태동사

태국어의 상태동사는 동사와 형용사로 사용이 가능하므로 문맥에 따라 해석해야 해요. 아래 예시처럼 상태동사를 동사로 사용할 수도 있지만, 문맥에 따라 상태동사가 형용사가 되어 앞의 명사를 꾸밀 수도 있어요.

อาหาร 아-하-ㄴ	**อร่อย** 아러-이	**อาหารอร่อย**
음식	맛있다	① 음식이 맛있다. ② 맛있는 음식

คนไทย 콘타이	**ใจดี** 짜이디-	**คนไทยใจดี**
태국 사람	친절하다	① 태국 사람은 친절하다. ② 친절한 태국인

2) 주어 + 타동사 + 목적어

타동사가 나오면 뒤에 목적어를 붙여서 문장을 완성해요.

แม่ 매̂-	ทำ 탐̄	อาหาร 아̄-하̌-ㄴ	แม่ทำอาหาร
엄마	하다, 만들다	음식	엄마가 음식을 만든다.

พลอย 플러̄-이	ชอบ 처̂-ㅂ	หมา 마̌-	พลอยชอบหมา
플러-이(여자 이름)	좋아하다	개	플러이는 개를 좋아한다.

3) 주어 + 이중목적어동사 + 직접목적어(-을/를) + 간접목적어(-에게)

이중목적어동사란 두 개의 목적어를 갖는 동사를 의미해요. 일명 수여동사라고 불리는 이 동사들은 '주어 + 동사 + 직접목적어 + 간접목적어'의 형태로 사용되며, 일반적으로 간접목적어의 자리에는 사람, 직접목적어의 자리에는 사물이 와요. 보통 '사람'인 간접목적어가 먼저 나오는 다른 언어들과 다르게 태국어는 무조건 직접목적어가 먼저 와야 한다는 점, 그리고 이 순서가 틀리면 안 된다는 점도 꼭 기억해주세요.

พลอย 플러̄-이	ให้ 하̂이	เงิน 응̄으ㅓ-ㄴ	เพื่อน 프̂-안
플러-이(여자 이름)	주다	돈	친구
พลอยให้เงินเพื่อน 플러이가 친구에게 돈을 준다.			

ครู 크루̄-	สอน 써̌-ㄴ	ภาษาไทย 파̄-싸̌-타̄이	เรา 라̄오
선생님	가르치다	태국어	우리
ครูสอนภาษาไทยเรา 선생님이 우리에게 태국어를 가르친다			

2. 태국어의 수식어

태국어에서는 수식어와 피수식어의 위치가 우리말과 반대예요. 즉, 꾸미는 말이 꾸밈을 받는 말의 뒤에 오며, 이는 명사와 형용사의 결합뿐만 아니라 동사와 부사 등 모든 수식 관계에서 마찬가지입니다. 문장의 결합에서도 종속절이 주절 다음에 오는 경우가 대부분이에요.

อาหาร 아-하-ㄴ	ไทย 타이	อาหารไทย
음식	태국	태국 음식

วิ่ง 윙	เร็ว 레우	วิ่งเร็ว
달리다	빨리	빨리 달리다

반면, 문장 전체를 수식하는 시간 부사구나 장소 부사구의 위치는 자유로운 편이에요.

ช่วงนี้	ผม	เรียน	ภาษาไทย	ที่	โซล
추-앙니	폼	리-안	파-싸-타이	티-	쏘-ㄴ
요즘	나(남자)	배우다, 공부하다	태국어	–에서	서울

ช่วงนี้ผมเรียนภาษาไทยที่โซล 요즘 나는 서울에서 태국어를 배운다.

3. 연계동사구문

태국어는 연계동사구문이 매우 발달해 있는 언어예요. 연계동사구문이란 한 문장 안에서 두 개 이상의 동사구가 접사나 연결사 없이 이어져 있는 것을 의미해요. 따라서 태국어에서는 이러한 문장을 자연스럽게 구사하는 것이 중요해요.

พลอย 플러̄-이 플러-이(여자 이름)	ชอบ 처̂-ㅂ 좋아하다	ไป 빠̄이 가다	ดื่ม 드̀-ㅁ 마시다
เบียร์ 비̄-아 맥주	กับ 깝̀ -와/과	เพื่อน 프̂-안 친구	

พลอยชอบไปดื่มเบียร์กับเพื่อน 플러이는 친구와 맥주 마시러 가는 것을 좋아한다.

연습문제 정답

2장 · 태국어의 모음

자모음 결합 연습 문제 ①

P.91

ไป	빠이
มา	마-
กิน	낀
เจอ	쯔ㅓ-
ทำ	탐
ดู	두-
เรียน	리-안
หา	하-
หาย	하-이

P.92

รอ	러-
จำ	짬
ลืม	르-ㅁ
คิด	킷
พูด	푸-ㅅ
บอก	버-ㄱ
คุย	쿠이
ออก	어-ㄱ
ชอบ	처-ㅂ
ดี	디-
ผิด	핏

자모음 결합 연습 문제 ②

P.93

ตา	따-
ปาก	빠-ㄱ
ขา	카-
แขน	캐-ㄴ
เอว	에-우
หู	후-
หัว	후-아
คาง	카-ㅇ
คอ	커-

P.94

มือ	므-
คุณ	쿤
เขา	카오
เธอ	트ㅓ-
เรา	라오
อาย	아-이
ดีใจ	디-짜이
เสียใจ	씨-아짜이
โมโห	모-호-
เรือ	르-아
เมีย	미-아

자모음 결합 연습 문제 ③

P.95

ทำอาหาร	탐아-하-ㄴ
โรงรียน	로-ㅇ리-안
ขอบคุณ	커-ㅂ쿤
ขอโทษ	커-토-ㅅ
นาที	나-티-
ถาม	타-ㅁ
ตอบ	떠-ㅂ
ของ	커-ㅇ
ชีวิต	치-윗

P.96

ตาย	따-이
ขาย	카-이
เอา	아오
นอก	너-ㄱ
ใน	나이
ผอม	퍼-ㅁ
อีก	이-ㄱ
สอง	써-ㅇ
ยอม	여-ㅁ
วอน	워-ㄴ
บาท	바-ㅅ

3장 · 모음의 생략과 변형

모음 변형 연습 문제

P.108

จบ	쫍
เคยไป	크ㅓ-이빠이
เงิน	응으ㅓ-ㄴ
สวย	쑤-아이
สวน	쑤-안
เค็ม	켐
เผ็ด	펫
ชม	촘
ลม	롬

P.109

เดินทาง	드ㅓ-ㄴ타-ㅇ
กด	꼿
เขิน	크ㅓ-ㄴ
เก็บ	껩
อดทน	옷톤
ปวด	뿌-앗
ดวงดาว	두-앙다-우
เชิญ	츠ㅓ-ㄴ
รบกวน	롭꾸-안
เด็ดขาด	뎃카-ㅅ
ยกเลิก	욕르ㅓ-ㄱ

4장 · 태국어의 성조

단어와 함께하는 유형성조 연습

P.117

เก้าอี้	까오이-
ห้องน้ำ	허-ㅇ남
อ๋อ	어-
ไก่ย่าง	까이야-ㅇ
พี่	피-
น้อง	너-ㅇ
พ่อแม่	퍼-매-
แม่น้ำ	매-남
ม้า	마-

P.118

ซื้อ	쓰-
ป้าย	빠-이
ห้าม	하-ㅁ
สี่	씨-
ง่าย	응아-이
อุ๊ย	우이
ข้าว	카-우
ถ่าย	타-이
ข่าว	카-우
บ้าน	바-ㄴ
แจ้ง	째-ㅇ

단어와 함께하는 무형성조 연습

P.125

หิว	히우
อากาศ	아-까-ㅅ
ถาม	타-ㅁ
บอก	버-ㄱ
ราคา	라-카-
คิด	킷
พูด	푸-ㅅ
พา	파-
ไป	빠이

P.126

รถติด	롯띳
ชอบ	처-ㅂ
หวย	후-아이
รีบ	리-ㅂ
เลือก	르-악
เป็น	뻰
ขาว	카-우
ผม	폼
จาน	짜-ㄴ
ปากกา	빠-ㄱ까-
นอน	너-ㄴ

성조 연습 문제 ①

P.127

อะไร	아̀라̄이
เมื่อไร	므̂-아라̄이
ทำไม	탐̄마̄이
เท่าไร	타̂오라̄이
กี่โมง	끼̀-모̄-ㅇ
น้องสาว	너́-ㅇ싸̌-우
เจ้าของ	짜̂오커̌-ㅇ
กาแฟเย็น	까̄-fㅔ̄-옌̄
ภาษา	파̄-싸̌-

P.128

ไปเที่ยว	빠̄이티̂-아우
ให้	하̂이
เมา	마̄오
ส้ม	쏨̂
แตงโม	때̄-ㅇ모̄-
มะม่วง	마́무̂-앙
ทุเรียน	투́리̄-안
สีดำ	씨̌-담̄
สีแดง	씨̌-대̄-ㅇ
สีเขียว	씨̌-키̌-아우
สีชมพู	씨̌-촘̄푸̄-

성조 연습 문제 ②

P.129

ขึ้น	큰̂
ลง	롱̄
สูง	쑤̌-ㅇ
เตี้ย	띠̂-아
ยาว	야̄-우
สั้น	싼̂
มาก	마̂-ㄱ
น้อย	너́-이
แต่	때̀-

P.130

และ	래́
วัน	완̄
เดือน	드̄-안
ปี	삐̄-
นม	놈̄
เจ็บ	쩹̀
ก๋วยเตี๋ยว	꾸̌-아이띠̌-아우
โน่น	노̂-ㄴ
ที่นี่	티̂-니̂-
อิ่ม	임̀
ว่าง	와̂-ㅇ

성조 연습 문제 ③

P.131

ถึง	틍
เก่ง	께-ㅇ
น้ำแข็ง	남캥
แล้ว	래-우
โลก	로-ㄱ
หัวเราะ	후-아러
ยิ้ม	임
รถไฟ	롯fㅏ이
นักร้อง	낙러-ㅇ

P.132

ช่อง	처-ㅇ
จ่าย	짜-이
เงิน	응으ㅓ-ㄴ
แพ้	패-
ดินสอ	딘써-
ปวด	뿌-앗
แว่นตา	왜-ㄴ따-
นาฬิกา	나-ㄹ리까-
รองเท้า	러-ㅇ타오
กางเกง	까-ㅇ께-ㅇ
ถุง	퉁

5장 · 복합자음

P.139

กะหรี่	까리-
เหมือน	므-안
หวาน	와-ㄴ

P.141

อย่างไร	야-ㅇ라이
ที่อยู่	티-유-
อย่าหาทำ	야-하-탐

P.142

ตลาด	딸라-ㅅ
ขนาด	카나-ㅅ
สนิท	싸닛

복합자음 연습 문제 ①

P.148

กระโปรง	끄라쁘로-ㅇ
อย่าลืม	야-ㄹ르-ㅁ
เหล้า	라오
กลัว	끌루-아
เปลี่ยน	쁠리-안
เหนื่อย	느-아이
แผล	플래-
ตรวจ	뜨루-앗
เพลง	플레-ㅇ

P.149

กว้าง	꽈-ㅇ
ไหม	마이
ใหม่	마이
ไกล	끌라이
ใกล้	끌라이
พริก	프릭
หนึ่ง	능
ปลูก	쁠루-ㄱ
เปรี้ยว	쁘리-아우
ครู	크루-
ขรึม	크름

복합자음 연습 문제 ②

P.150

หมวก	무-악
เตรียม	뜨리-암
แปล	쁠래-
แปลก	쁠래-ㄱ
หนัง	낭
ผลัก	팔락
ใคร	크라이
คลอง	클러-ㅇ
สภาพ	싸파-ㅂ

P.151

สถานี	싸타-니-
ไหน	나이
หนู	누-
พระเอก	프라에-ㄱ
เครื่อง	크르-앙
อนาคต	아나-콧
น้ำหนัก	남낙
ขนม	카놈
เกาหลี	까올리-
หมู	무-
ผู้หญิง	푸-잉

복합자음 연습 문제 ③

P.152

ผู้ใหญ่	푸-야이
ความเร็ว	콰-ㅁ레우
เพื่อนสนิท	프-안싸닛
ตลาด	딸라-ㅅ
ฉลาด	찰라-ㅅ
มหา	마하-
กรอบ	끄러-ㅂ
แปรงฟัน	쁘래-ㅇfㅏㄴ (퐌)
วันหยุด	완윳

P.153

ประหยัด	쁘라얏
เหล็ก	렉
พร้อม	프러-ㅁ
หมด	못
ปลอม	쁠러-ㅁ
มด	못
อย่างไร	야-ㅇ라이
ครีม	크리-ㅁ
เกรงใจ	끄레-ㅇ짜이
ขวาน	콰-ㄴ
ประมาณ	쁘라마-ㄴ

6장 · 기타 기호와 예외규칙

P.158

อวยพร	우-아이퍼-ㄴ
พิธีกร	피티-써-ㄴ
กรรไกร	깐끄라이
บรรทุก	반툭
ธรรม	탐

P.159

เร็ว ๆ	레우레우
ลูก ๆ	룩루-ㄱ
ดี ๆ	디디-
ช้า ๆ	차차-

P.160

วันศุกร์	완쑥
อาทิตย์	아-팃
ไซส์	싸이
ศูนย์	쑤-ㄴ

기타 기호와 예외규칙 연습

P.163

อารมณ์	아-롬
ไอจี	아이찌-
เฟสบุ๊ค	페-(쓰)북
ทวิตเตอร์	타윗뜨ㅓ-
ทุก ๆ วัน	툭툭완
รถเมล์	롯메-
จราจร	짜라-쩌-ㄴ
บรรจุ	반쭈
ค่าธรรมเนียม	카-탐니-암

P.164

คำศัพท์	캄쌉
ธรรมดา	탐마다-
ยูเทิร์น	유-트ㅓ-ㄴ
กีตาร์	끼-따-
กอล์ฟ	꺼-f
กรรไกร	깐끄라이
สัตว์	쌋
บรรพบุรุษ	반파부룻
จริง ๆ	찡찡
สัปดาห์	쌉다-
สู้ ๆ	쑤쑤-